江苏省耕地地力评价与应用丛书

镇江新区耕地

镇江新区农村经济发展服务中心　编著

江苏大学出版社
JIANGSU UNIVERSITY PRESS
镇　江

图书在版编目(CIP)数据

镇江新区耕地 / 镇江新区农村经济发展服务中心编著. —镇江 ：江苏大学出版社，2022.4
ISBN 978-7-5684-1795-2

Ⅰ. ①镇… Ⅱ. ①镇… Ⅲ. ①耕地资源—概况—镇江 Ⅳ. ①F323.211

中国版本图书馆 CIP 数据核字(2022)第 050128 号

审　图　号　苏镇 S(2022)01 号

镇江新区耕地

Zhenjiang Xinqu Gengdi

编　　著/镇江新区农村经济发展服务中心
责任编辑/任建波　徐　婷
出版发行/江苏大学出版社
地　　址/江苏省镇江市梦溪园巷 30 号(邮编：212003)
电　　话/0511-84446464(传真)
网　　址/http://press.ujs.edu.cn
排　　版/镇江文苑制版印刷有限责任公司
印　　刷/江苏凤凰数码印务有限公司
开　　本/787 mm×1 092 mm　1/16
印　　张/10.25
插　　页/5
字　　数/221 千字
版　　次/2022 年 4 月第 1 版
印　　次/2022 年 4 月第 1 次印刷
书　　号/ISBN 978-7-5684-1795-2
定　　价/65.00 元

《江苏省耕地地力评价与应用丛书》编制指导委员会

《镇江新区耕地》编撰人员

名誉主编 孔红专

主　　编 王春昕　陈雪芬

副 主 编 杨卫中　闫发宝

编写人员 （按姓氏笔画排序）

王春昕　毕佳伟　刘　平　闫发宝

杨卫中　狄　霖　冷九红　张　莉

张彤阳　陈笃江　陈雪芬　赵　丽

赵海涛　柏　萍　施　阳　贾华敏

徐　超　解亚娟

审　　稿 陈笃江　毛　伟　姚久琴　郑网宇

王建军

序

耕地是人类生存的基础、发展的载体，耕地质量关系到粮食安全、农产品质量及农业可持续发展。党中央、国务院历来高度重视耕地保护工作，强调耕地是我国最为宝贵的资源，是关系十几亿人吃饭的大事，要像保护大熊猫一样保护耕地，绝不能有闪失；提出要实行最严格的耕地保护制度和最严格的节约用地制度，确保基本农田总量不减少、用途不改变、质量有提高。江苏省人多地少，土地后备资源匮乏，人地矛盾较为突出。在耕地数量减少的趋势难以逆转的情况下，要保障粮食及其他农产品的有效供给，保护和提高耕地质量、稳定提高耕地产出能力显得尤为重要和迫切。

耕地质量调查与评价是耕地保护的基础工作。摸清耕地的"家底"才能采取有针对性的保护措施，"十二五"以来，农业部（现农业农村部）先后组织完成了全国 2 498 个县的县域耕地质量评价工作，制定了《耕地质量等级》国家标准，发布了全国耕地质量等级情况公报，为耕地质量保护和提升奠定了坚实基础。江苏省是较早开展耕地质量调查与评价的省份之一，从 2002 年在仪征市开展耕地地力评价试点起，先后完成了环太湖区耕地质量调查与评价、全省主要农业县域耕地质量评价和省域汇总评价，2017 年又与兄弟省（市）共同完成长三角区耕地质量评价。同时，根据农业农村部的统一部署，组织扬州市耕地质量保护站等单位运用遥感（RS）、全球定位系统（GPS）和地理信息系统（GIS）等新技术，相继开发了县域、省域耕地质量管理信息系统，并积极申请省自主创新项目，研发基于地块的耕地质量评价系统，为耕地质量建设项目实施效果评价创造条件。

为系统总结全省耕地质量评价成果，更好地服务耕地质量保护工作，江苏省耕地质量与农业环境保护站牵头，组织相关县区编撰出版“江苏省耕地地力评价与应用丛书”，可为各级政府及相关部门提供决策服务，也可为广大农业技术人员及涉农企业提供技术参考，以期在推进“乡村振兴”新实践、建设“强富美高”新江苏中发挥作用。

编制指导委员会

2018 年 6 月

前　言

镇江新区位于长江下游南岸、镇江市的东郊，是镇江主城区“一体两翼”功能布局的“东翼”，总面积218.9平方公里，属北亚热带季风气候。1992年5月，镇江经济技术开发区在丁卯设立；1993年10月，镇江大港经济开发区设立；1998年3月，在原镇江经济技术开发区和大港经济技术开发区的基础上，合并成立镇江新区（镇江经济技术开发区），总面积81.21平方公里，下辖一个镇（大港镇），两个街办（丁卯街办、大港街办）；2005年12月，丁岗、大路、姚桥三镇委托镇江新区（镇江经开区）管理，全区总面积扩至218.9平方公里，下辖三个镇、两个街办；2010年4月，经国务院批准，镇江新区（镇江经开区）升格为国家级经济技术开发区。

土壤是地球表面具有肥力并能生长植物的疏松表层，是农业生产的基础。充足、肥沃的耕地是支撑人类经济社会发展的重要土地资源，保护耕地不仅为确保粮食安全提供了资源基础，还直接关系到国家或地区的经济增长、社会稳定和生态建设。随着经济社会形势的变化，国家耕地政策在不断健全和完善。加强耕地保护、合理利用土地资源、改良土壤、培肥地力、不断提高土地利用率和土地生产率是战略性农业任务。耕地质量调查评价是耕地数量、质量和生态并重管护的基础。做好耕地质量调查评价工作，对于进行农业结构战略调整，正确制订区域中长期农业发展规划、现代农业产业发展总体规划和生态农业建设规划，科学指导土壤改良利用和作物生产等工作都具有重要意义。镇江新区2008年开始实施测土配方施肥项目，并进行了全面推广应用，获取了大量的田间试验、农户调查、土壤和植株样品分析测试示范数据。充分利用测土配方施肥工作积累的数据资源，结合第二次土壤普查以来的历史资料，对现有新区耕地质量进行系统分析，是进一步提升测土配方施肥工作成效、促进农业生产高质量发展的重要举措，也是保存测土配方施肥资料，并使其持久发挥作用的关键所在。

鉴于此，我们撰写了本书，较为详细地介绍了镇江新区近年来在耕地质量评价方面所做的工作，以方便交流、分享我们的经验与体会，旨在抛砖引玉，希望能与读者一起探讨耕地地力保护、耕地质量改良和耕地质量评价方法技术等方面的成功做法，实现共同提高业务水平、深化拓展研究工作的目的。

本书在编撰过程中得到了镇江新区环保、水利、国土、统计、财政等部门的大力支持，在此一并表示感谢。书中引用了同行工作成果，限于篇幅未能一一列出，在此表示感谢。由于水平有限，以及受数据收集、整理困难等客观因素的制约，书中难免存在疏漏或欠缺之处，敬请广大读者批评指正。

编著者

2020 年 6 月

目　录

第一章

自然与农业生产概况

1

第一节
地理位置与行政区划

一、地理位置

镇江新区位于我国北亚热带低山丘陵地区的宁镇山脉东端，长江下游南岸，长江三角洲的顶端。地处东经 119°27′～119°45′，北纬 32°5′～32°15′。北濒长江，东邻扬中市，南邻丹阳市，西南与丹徒区交界，西同京口区接壤。镇江新区因港而生，地处长江与京杭大运河十字交汇处，坐拥天然深水岸线 17 km，傲踞国家一类开放口岸。随着五峰山长江大桥、连镇高铁大港南站建成通车，京沪高速南接线等重大交通工程即将建成开通，镇大铁路升级、瑞山站综合物流基地、通用机场二期建设提上日程，“铁公水空”多式联运的现代综合交通体系正在加速提升完善。新区内交通四通八达，工业企业星罗棋布，镇江新区农业属于典型的城郊型农业。

二、行政区划

镇江新区原属于丹徒县，历史悠久。早在一万多年前的旧石器时代，就有先民在这块土地上繁衍生息。约三千年前，镇江新区是荆蛮族居住地之一，他们已种籼稻和粳稻，饲养猪、牛、家禽，使用石器农具，从事原始农业。新区西周时称“宜”；春秋时代属吴国，名朱方；战国时代吴亡属越，越亡属楚，更名谷阳，吴楚国都很重视辟林垦耕；公元前 246 年，秦始皇命三千赭衣刑徒，凿穿京砚山，改名丹徒，又凿丹徒到曲阿（今丹阳），此时农业生产已略具水平。汉置县，属会稽郡，东汉属吴郡，东吴嘉禾三年改为武进县，采用屯田法开发农田；晋复名丹徒县，东晋初定名南徐州，开新丰湖，建丁卯堰，南朝刘宋时从外地迁入数千户，给以田宅，广辟湖荡作稻田，加快了当地农业的发展。隋更名延陵县，后来以蒋州之延陵永年，常州之曲阿三县设润州。隋炀帝大业六年，开“江南河”拓宽浚深运河水道。唐复名丹徒县，属润州，宋徽宗政和三年升润州为镇江府。唐宋统治者多重视农桑水利，唐代时镇江的丝麻织物已全国居优，此时丘陵地区已有梯田出现。辛亥革命后截府留县。1949 年中华人民共和国成立后实行市县分治，市区和近郊划为镇江市，其他乡村划为丹徒县。1958 年市县合并，1962 年又分治。在 1992 年设立镇江经济开发区（丁卯）和 1993 年设立镇江大港经济开发区的基础上，于 1998 年 3 月正式成立镇江新区管理委员会与江苏省镇江经济开发区管理委员会合署办公，代表镇江市政府对新区的工作实施统一领导和管理。2010 年 4 月镇江新区升格为国家级经济技术开发区。

镇江新区常住人口 22.33 万人，总面积 218.9 km^2，下辖丁岗、大路、姚桥三个镇和大港、丁卯两个街道。

第二节 自然资源特征

一、气候

镇江新区属北亚热带南部气候区，具有季风性较明显、过渡性突出、变异性显著、温暖湿润、四季分明、雨水丰沛、光照充足、无霜期长等气候特点。由于受季风环流影响，冬季多偏北风，气候寒冷干燥；夏季多偏南风，气候炎热多雨；春秋两季为冬、夏季风转换季节，冷暖气流相互争强，进退无定，形成干、湿、冷、暖多变过渡型的气候特征。镇江新区的气候特点一般与农作物生长季节同步，这就为镇江新区农业生产提供了优越的热量和水分条件，同时也促进了土壤的淋溶淀积作用。但是水灾、低温、连阴雨、台风、冰雹等气象灾害也间有出现，特别是水灾、低温的出现影响着土壤的气、热状况，使土壤理化性状变差。

(1) 温度。全年平均气温为 15.5±0.6 ℃。最热的 7 月并不过热，月平均气温为 27.7～29.2 ℃，日平均气温≥35 ℃的高温日为 11.3±5.7 天。最冷的 1 月并不过冷，月平均气温为 2.7 ℃，日平均气温≤0 ℃的低温日为 44.7±7.3 天。热量资源比较丰富，日平均气温稳定≥0 ℃的日数为 320.3±15.3 天。期间活动积温为 5 345.4±152.32 ℃，年际间变化很小，全区稻麦两熟制各个组合实需活动积温客观热量是满足有余的。

(2) 光照。镇江新区常年辐射总量为 115 $kcal/cm^2$。全年日照时数为 2 005±52.2 小时，年际间变异较小，年日照百分率平均为 48%，年内日照偏少的时间在当年 11 月—次年 4 月，5—10 月则偏多，最多的 8 月平均日照为 224.2 小时，这对稻、麦、棉、油的高产均极为有利。目前光能的利用率还很低，一般不到 2%，但光能生产的潜力很大。

(3) 降水。年均降水量为 1 077.3±92.7 mm，年均降雨日为 118 天。降水较集中在 5—9 月，降水量达 647.7 mm，占全年降水量的 60.1%。初夏有梅雨，秋季有连阴雨，盛夏有阵雨和雷雨，降水径流主要集中在6—9月，正值用水高峰期，并有雨热同季的特点，因而对作物生长较为有利。

全年蒸发量平均为1 326.4 mm，每年5—8月蒸发量较大，月平均蒸发量为168.2 mm。年蒸发量大于年降水量。

（4）霜期。年均无霜期238天。初霜期一般在11月3—7日，个别年份可在10月下旬出现。终霜期，一般在3月底至4月初。有霜日数以1月最多，一般为15～20天。

二、水文

新区属长江流域水系，水资源较为丰富。大港片区内水体主要为长江以及若干河流水系，水系属感潮河段。长江干流水质总体良好，达到国家地面水二类标准。从新区整体来看，水系分布东西不均，丘陵区范围内河流较少，分布有孩溪河、大港河、东风河、跃进河4条主要河流；东面圩区内则水网发达，河流呈横平竖直的方格网状分布，分布有沙腰河、南港河、东风港、姚桥港4条主要河港；捆山河纵贯新区南北，是西部丘陵和东部圩区的分界河，团结河横穿新区东西，汇入夹江。区内沿江圩区，洮滆圩田水源较为丰富，但丘陵地区水资源不足。河流库塘的分布不仅影响了地下水位的活动，也决定了土壤潜育层次位置的上下，土壤水分运动直接影响土壤的发育，形成了不同的剖面构型，发育成不同亚类的水稻土。区内地表水主要分布于捆山河水系、沙腰河水系、团结河水系、水库和塘坝之中。

（1）捆山河水系。古老的捆山河纵贯新区南北，是西部丘陵与东部圩区的分界河，捆山河从长江口经大路龟山闸流过大路、姚桥，南至太平河沟通长江，区内长16.2 km，汇集了新区山丘来水，汇水面积36.02 km^2，是镇江新区的主要排涝干河之一。

（2）沙腰河水系。沙腰河在长江口流域内有7条支流河（北沙腰河、北港河、南港河、祁家港、东风港、姚桥港、五房河），总长29.66 km。

（3）团结河水系。横穿新区东西，汇入夹江，总长6.8 km，是镇江新区主要的防洪排涝和灌溉河道。

（4）水库。建有小型水库3座，集水面积3.49 km^2，水库总容量为92.78万m^3，灌溉农田0.04万hm^2。

（5）塘坝。建有塘坝3个，蓄水量31万m^3，正常年景可灌溉0.03万hm^2。

三、地质地貌

镇江新区为丘陵地貌，地质状况稳定，岩性均匀，无滑坡和地震灾害，土质多属黄土阶地，平整容易、黏性均匀，具有良好的地质承载力，平均为15 t/m^2，比上海浦东和苏州、无锡沿江地区高出一倍。镇江市属华南陆台下扬子准地槽宁镇山字型区。从元古界至新生界的地层山露基本齐全，总厚度约12 000 m，第四系松散沉积层广泛覆盖于基岩之上，沿江一带发育程度较高，最厚处达130 m。镇江新区处于长江下游中生代I级构造上，苏北南黄海凹陷和浙闽隆起的过渡带内，镇江新区位于过渡带北缘的南京—镇江隆起II级构造单元上。自古生代起，它就是扬子地台的一部分。三叠系时及其以下的古生界在印支运动中同时受到褶皱，但早已被后来的构造运动所改造和破坏，难以辨认。而中生代晚期的燕山运动为本区的地貌轮廓奠定了基础。白垩纪初的宁镇运动形成了宁镇山脉，茅山运动形成了茅山山脉。同时断裂纵横交错。伴随着侏罗—白垩纪时期各种断裂运动的发生，大量岩浆喷溢和侵入。诸如小刚林桑场的上侏罗统正长岩；圌山、五峰山、横山、银山、烟墩山北坡的燕山晚期第二次花岗斑岩等。

地质构造、岩浆活动控制了本区的地貌成因类型、水系分布和发育、地下水的性质和运动，以及第四系的成土类型、沉积厚度及其分布状况，从而影响了土壤的形成和发育。镇江新区农田地貌大致分为剥蚀低山、剥蚀残丘、丘间谷地、冲积平原4种类型。

耕地的立地条件是构成耕地地力的主要因素之一，主要包括地形地貌、成土母质、潜水埋深、土壤质地、土壤水分、坡度和坡向等。耕地立地条件的优劣决定了耕地地力基础的好坏。耕地立地条件好，能为以后高产打下基础，反之则会为以后的利用埋下隐患。

1. 地形地貌

镇江新区地处长江下游，位于长江南岸，地域范围包括京杭运河两侧，以平原、低丘为主。由于地质运动的影响，本区地形呈西高东低，因而出现几种不同的地貌。西部是低丘平岗地貌，属第四纪黄土堆积一侵蚀阶地，处宁镇低山丘陵与平原交界处的尾端，地势高低不一，地面标高为20～60 m，最高处是圌山，真高为258 m，相对高度为20～200 m。

镇江新区的地貌可划分如下几种类型：

(1) 剥蚀低山（简称低山）。海拔150～300 m，其中200 m以上的山体为侏罗系大王山组火山岩组成，主要由泥盆系抗蚀性强的石英砂岩组成，构成了高耸陡峻的山峰。如圌山（258 m），山顶为残积相，岩块碎屑多，涂层浅薄，水分缺乏，多发育为粗骨土。海拔150～200 m之间的山头，主要由各个时代的石灰岩组成，多发育为棕色石灰土和粗骨土。

(2) 剥蚀残丘(简称残丘)。海拔 100～150 m,由震旦系、泥盆系、二叠系组成,多呈浑圆状弧丘,顶部稍为宽平,有明显的微度凹凸,地表粗糙度大,残积物堆积较厚。若是石灰岩残丘,则发育为棕色石灰土;其余基岩残丘,则发育为黄沙土和粗骨土。

(3) 河流阶地。按其高度和组成物质,可分为三级。

第三级阶地:侵蚀阶地。海拔 50～80 m,主要由各个时期的基岩被长江及其支流的流水侵蚀而成,由于横向流水的切割,亦呈浑圆状弧丘。阶地面上仅有薄层的残积物,若基岩为碳酸盐类岩石,则发育为薄层的棕色石灰土;若基岩为火山岩或石英砂岩,则发育为黄沙土。

第二级阶地:基座阶地(黄土低丘)。海拔 20～40 m,上覆上更新统下蜀黄土,基座为各种基岩。若基岩岩层产状为 50°～90°,或基岩为火山岩,垂直节理发育,纵向排水良好,则无黏盘层产生,反之则往往出现黏盘层。这级阶地形成较早,地形部位较高,遭受侵蚀切割较深,形成明显的指状丘陵,具有岗、塝、冲的形态特征。谷地(即冲)具有一定的走向。

第一级阶地:堆积阶地(黄土矮丘)。海拔 10～15 m,由冲积相的下蜀黄土组成,一般未见底。由于堆积时间较晚,遭受侵蚀切割微弱,呈矮丘浅谷,其谷走向不定。

(4) 丘间谷地。有两种,即冲田和平田。

冲田:包括侵蚀残丘间谷地和呈阶地被侵蚀切割成的谷地,宽几十米至几百米不等,长度为几百米至二三千米,具有一定的比降,是本区主要粮食生产基地之一。但有的为过水田;有的受冷泉影响,形成冷浸田。

平田:发育于堆积阶地黄土矮丘之间,比较宽平,纵向比降很小,是马肝土分布的老稻区之一。

(5) 冲积平原。由长江及其小支流冲积而成,地势平坦开阔,海拔 6～10 m。堆积物深厚,质地中壤至轻黏,土壤水肥条件好。按地理位置和组成物质的特征,可分为河漫滩平原、沙洲平原和内河平原。

河漫滩平原:由长江侧向侵蚀和河床迁移形成。组成物质主要是亚黏土、黏土和亚砂土,具水平层理或细层理。由于沉积缓慢,成土作田明显,常形成褐色腐殖土和草甸土等幼年土壤,现已演化为黄沙土、黄夹沙土和漏沙土。属二、三等田。

沙洲平原:长江泥沙沉积形成浅滩,浅滩不断淤积加高,由于洪水带来冲积物的堆积,使浅滩露出水面,形成沙洲。组成物质主要是粉沙、亚砂土和亚黏土,并含有一定的钙质。多发育为沙底黄沙土和黄夹沙夹土,无明显犁底层,漏水漏肥。另外,尚有发育漏沙土和淤泥土。由于地形、地貌的不同,农田地貌特征也有明显的差别。从微地形高差及其成因考虑，全区农田地貌大致分为丘陵山地、丘陵冲地和沿江圩区三种，具体特征见表 1-1。

表 1-1 镇江新区耕地地形地貌特征

农田地貌特征	地形特点及高程/m	母质类型	土壤组合及特征				主要分布范围	耕地	
			主要土种	地下水位/cm	有机质/%	质地		面积/万亩	所占比例/%
丘陵山地	岗、旁、冲，8～25	残积物	粗骨土、耕作黄土	110～150	1.7～2.0	中壤－重壤	丁岗、大港、大路	0.93	7.38
丘陵冲地	10～20	下蜀黄土	马肝土、黄白土、小粉土、黄土	100～130	1.9～2.3	中壤－重壤	丁岗、大港姚桥、大路	4.21	33.39
沿江圩区	3～5	长江冲积物	黄沙土、沙底黄沙土、夹沙土	70～80	2.2～2.7	中壤－重壤	姚桥、大路大港	7.47	59.23

2. 成土母质

成土母质是形成土壤的物质基础，母质的基础组成和性质直接影响着土壤的发生、组成、水热状况、肥力水平，以至土壤改良利用的方向。成土母质的成因、类型、特性及其分布，反映了底层岩性、地质构造、地貌类型及古气候等。从地貌形态及成因看，镇江新区土壤成土母质主要有残积相、冲积黄土和近代冲积相。

（1）*残积相*。第四纪中更新世时期的残积物。经湿热气候条件下的红土化作用而红化，分布于侵蚀残丘和第三级阶地，如横山、圌山、五峰山，发育为黄沙土或粗骨土。

（2）*冲积黄土*。又称下蜀黄土，为晚更新世时期长江及其一、二级支流的冲积物，黄棕至黄褐色亚黏土。下蜀黄土是本区最主要的成土母质类型之一，分布非常广泛，组成了本区第一、二级阶地及丘间谷地，海拔 10～40 m 的广大地区基本上都由其覆盖，依地形高低出现死黄土、黄土、黄白土、小粉土、马肝土。

（3）*近代冲积相*。形成于全新世（一万二千年以来）的灰棕色至灰白色的河流冲积的粉沙亚黏土和亚砂土。厚度一二米至二三十米不等，组成了海拔 10 m 以下的河漫滩平原、沙洲和冲田等。分布于沿江及洲地，以及丘间谷地。在此母质上发育为黄沙土、沙底黄沙土、夹沙土、漏沙土和沙土。

四、植被

镇江新区内自然植被以落叶阔叶为主，有麻栎、黄连木、山槐、枫杨等各类树种

80 余科，500 余种。药用植物有 700 余种。引进树种有黑松、杉木、泡桐等。

五、土地资源

镇江新区总体生态面貌良好，山水资源丰富。区内分布有大小山体 10 余座，包括圌山、青龙山、荞麦山、横山、烟墩山、银山等，山体面积达 1 300 hm^2。2017 年末，全区耕地面积 8 479.43 hm^2，建设用地 8 649.43 hm^2，城镇村及工矿用地 7 199.55 hm^2，交通运输用地 1 623.22 hm^2，水域及水利设施用地 3 577.74 hm^2。

第三节 农业发展概况

一、发展历程

镇江新区农村经济发展大致可分为三个阶段。① 新中国成立初期，农村实行土地改革，广大农民第一次拥有了自己的土地，大大促进了全区农村经济的发展和农民对土地的投入，1949 年全区粮食总产 1 590 万 kg，到 1958 年全区粮食总产增加为 2 678 万 kg。但是 3 年困难时期，粮食产量降低，1962 年粮食总产下降为 1 042 万 kg。② 20 世纪 60 年代到十一届三中全会前，党和国家对国民经济实行了“调整、巩固、充实、提高”的方针，新区大力发展农田水利，大搞农田基本建设，农村经济得到稳步发展，1979 年全区粮食总产达到4 463 万 kg，农村经济总收入达到 7.06 万元，农民人均纯收入 370 元。③ 十一届三中全会召开以后，改革开放为农村经济吹响了发展的冲锋号角。随着农村联产承包责任制的实施和不断完善、农村经济改革的不断深入，以及农业产业结构的调整和农村劳动力的转移，农村经济得到了快速发展，到 2010 年全区农村经济总产值达到 45 056 万元，农民年人均纯收入9 280 元，农村经济总产值、农民年人均纯收入分别比 2009 年增长 5.5%和 11.83%。

2018 年末，镇江新区地区生产总值 32.1 亿元，农村居民人均可支配收入 24 572 元。

1. 农业生产条件

农药是农业生产中的重要生产要素，镇江新区的农药使用量自 2014 年开始增加，然后在 2016 年开始下降，如图 1-1 所示。2016 年农药使用量最高达到 168 t。

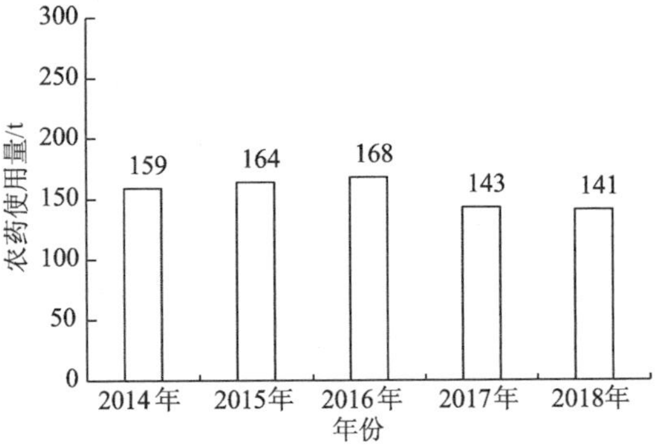

图 1-1 镇江新区 2014—2018 年农药使用量

地膜覆盖已经是设施农业生产中的一项常用技术，采用地膜覆盖有利于农作物的生长发育。如图 1-2 所示，2014—2018 年以来，新区农用薄膜使用量逐年下降，然而降幅较小，2014—2018 年农用薄膜使用量分别为 346 t、345 t、340 t、338 t、326 t。地膜作为农用薄膜最为广泛的用途之一，2014—2018 年地膜使用量分别为 20 t、20 t、20 t、19 t、18 t，基本保持稳定，2017 年开始有小幅下降，不过占农用薄膜使用量的比例却很小。而地膜覆盖面积近 5 年来基本保持稳定，2017 年开始有小幅度下降，2014—2018 年地膜覆盖面积分别为 65 hm^2、65 hm^2、65 hm^2、64 hm^2、60 hm^2。

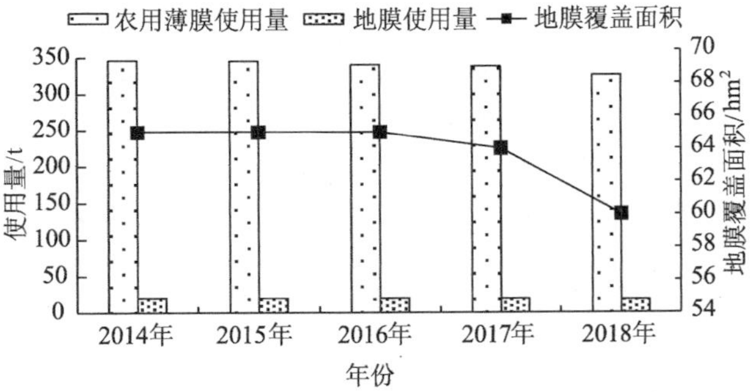

图 1-2 镇江新区 2014—2018 年农用薄膜使用与地膜使用情况

农业机械总动力是衡量一个地区农业现代化的重要指标之一。如图 1-3 所示，2014—2018 年新区农业机械总动力持续增长，增幅有大有小。与 2015 年相比，2016 年增幅较大，达到了 37.19%。

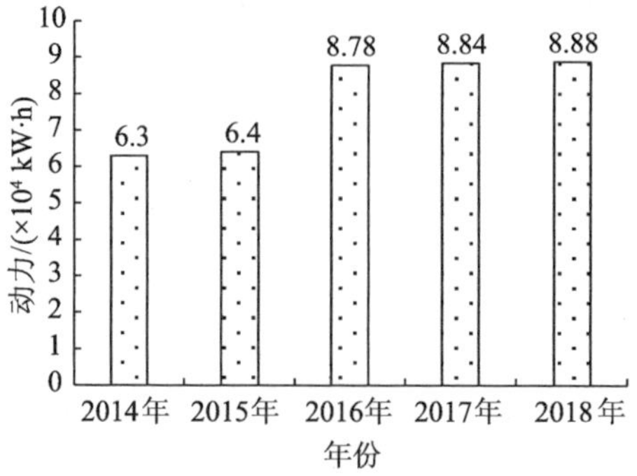

图 1-3　镇江新区 2014—2018 年农业机械总动力情况

新区常见的农用动力机械包括柴油机、汽油机及电动机。如图 1-4 所示，2014—2018 年柴油机动力总量分别为 41 865 kW·h、42 816 kW·h、53 820 kW·h、53 986 kW·h、54 384 kW·h。5 年来柴油机动力逐渐上升，2016 年涨幅达到了 25.70%。与此对应的农用柴油使用量，2014—2018 年分别为 579 t、580 t、568 t、571 t、556 t。从 2015 年开始，农用柴油使用量呈下降趋势，不过降幅不明显。

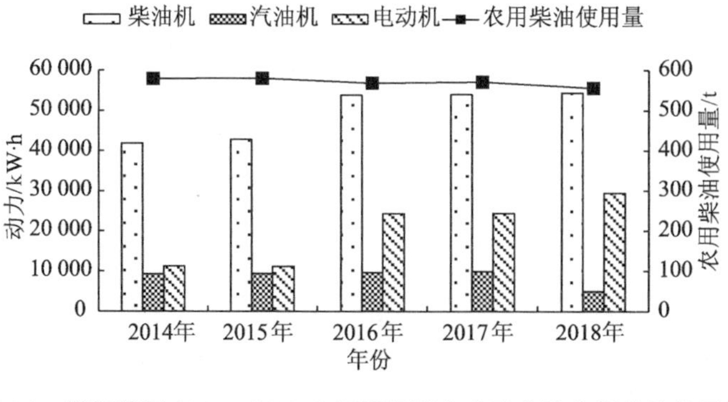

图 1-4　镇江新区 2014—2018 年不同机型农业动力及农用柴油使用量

新区主要农用动力机械为柴油机，汽油机与电动机占农用动力机械比例较小。2014—2018 年汽油机动力分别为 9 378 kW·h、9 453 kW·h、9 665 kW·h、9 975 kW·h、4 987 kW·h，汽油机动力连续 3 年出现增长，但在 2018 年出现了大幅度下滑，降幅达 50%。与汽油机不同的是，电动机动力近 5 年来逐步增加，2014—2018 年分别为 11 265 kW·h、11 200 kW·h、24 335 kW·h、24 426 kW·h、29 452 kW·h，增幅最高达 117%。

农业现代化发展过程中，离不开农业机械与设备的使用。表 1-2 列出了 2014—2018 年镇江新区农业生产中常用的 6 种农业机械与设备的使用情况。2014—2018 年，大中型拖拉机的数量为 147～278 台，上下波动较大；小型拖拉机前 4 年使用量逐年下降，2018 年出现了上涨。近 5 年来，农用水泵数量为 1 220～2 120 套，联合收割机数量为

190～196 台，机动喷雾机数量为 663～876 台，饲料加工机械数量为 48～82 台。

表 1-2 镇江新区 2014—2018 年农业机械与设备使用情况

农业机械与设备	年份				
	2014	2015	2016	2017	2018
大中型拖拉机/台	269	278	263	267	147
小型拖拉机/台	160	100	80	63	76
农用水泵/套	1 225	1 220	2 120	2 120	2 120
联合收割机/台	190	192	196	194	194
机动喷雾机/台	663	670	867	876	768
饲料加工机械/台	48	48	82	82	82

随着农业机械与设备的广泛普及，农作物的收播形式也发生了变化。由图 1-5 可知，2014—2018 年新区机耕面积依次为 10 977 hm^2、11 485 hm^2、10 833 hm^2、10 633 hm^2、10 068 hm^2，5 年来基本保持稳定，近 4 年有小幅下降。2014—2018 年机播面积依次为 9 276 hm^2、9 766 hm^2、10 238 hm^2、9 961 hm^2、10 046 hm^2，机播面积每年上下有些波动。2014—2018 年机收面积依次为 10 440 hm^2、10 656 hm^2、10 508 hm^2、10 208 hm^2、10 620 hm^2，5 年来基本保持稳定。整体而言，近 5 年新区的农业机械动力在不断增加，机械化运作面积基本保持稳定，单位耕地面积上农业机械化的实施程度在不断提升。

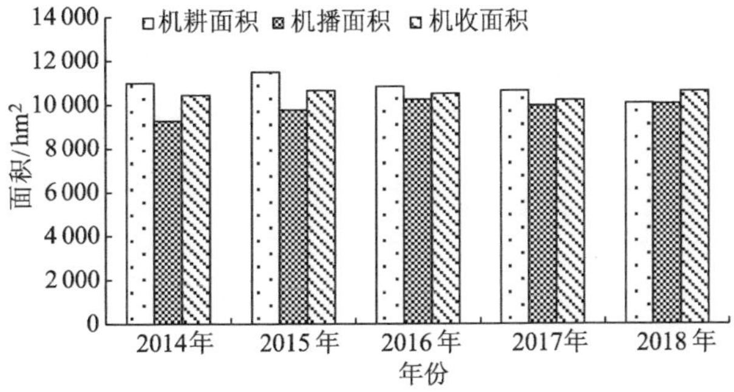

图 1-5 镇江新区 2014—2018 年机耕、机播、机收面积情况

虽然说农业机械化的实施程度在不断提升，但不同种类的农作物机械化情况差距较大。由表 1-3 中数据可知，2014—2018 年机耕小麦的面积为 4 866～5 326 hm^2，机播小麦的面积为 4 866～5 326 hm^2，机收小麦的面积为 4 866～5 326 hm^2；2014—2018 年机耕水稻的面积为 4 560～5 200 hm^2，机播水稻的面积为 510～5 000 hm^2，机收水稻的面积为 5 000～5 200 hm^2；2014—2018 年机耕油菜的面积为 168～200 hm^2，机播油菜的

面积为 38～146 hm²，机收油菜的面积为 47～88 hm²，油菜农业机械化面积在 3 种农作物中的比例最低。

表 1-3　镇江新区 2014—2018 年农作物机械化情况　hm²

作物类型		年份				
		2014	2015	2016	2017	2018
机耕	小麦	5 326	5 206	5 200	4 866	4 900
	水稻	5 200	4 560	5 200	5 200	5 000
	油菜	200	200	200	200	168
机播	小麦	5 066	5 326	5 200	4 866	4 900
	水稻	510	4 160	4 524	5 000	5 000
	油菜			38	40	146
机收	小麦	5 326	5 200	5 200	4 866	4 900
	水稻	5 066	5 200	5 200	5 200	5 000
	油菜	47	80	88	88	66

如图 1-6 所示，镇江新区 2014—2018 年农业机电灌溉面积均低于农业机电植保面积，5 年间农业机电植保面积分别为 10 800 hm²、10 800 hm²、10 733 hm²、10 633 hm²、10 626 hm²，5 年来基本保持稳定，有小幅下降现象，不过趋势不明显。与农业机电植保面积不同的是，农业机电灌溉面积年变化较大，5 年来面积分别为 5 200 hm²、5 530 hm²、7 533 hm²、6 955 hm²、10 125 hm²，除了 2017 年出现下降外，总体呈上升趋势。

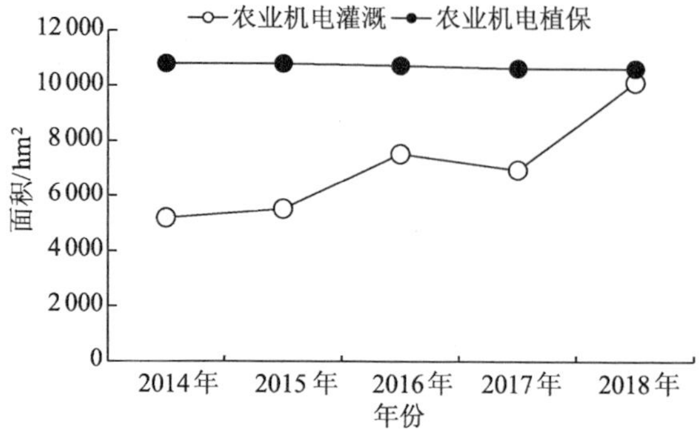

图 1-6　镇江新区 2014—2018 年农业机电灌溉、植保面积情况

2. 种植业

新区 2014—2018 年种植业发展情况如表 1-4 所示。2014 年新区粮食作物播种面积为 11 230 hm²，2015 年增加了 20 hm²，2016 年下降了 380 hm²，2017 年增加了 190 hm²，

2018 年下降了 660 hm^2。随着年份的推移，粮食作物播种面积略有下降。2014—2018 年新区粮食作物单产较为稳定。2014 年新区粮食作物单产为 7 158 kg，2015 年单产为 7 127 kg，2016 年单产为 7 108 kg，2017 年单产为 7 075 kg，2018 年单产为 7 127 kg。2014 年新区粮食作物总产为 80 385 t，2015 年总产为 80 179 t，2016 年总产为 77 261 t，2017 年总产为 78 251 t，2018 年总产为 74 117 t。粮食作物总产的变化特征与粮食作物播种面积单产变化特征一致。

表 1-4　镇江新区 2014—2018 年种植业发展情况

项目	年份				
	2014	2015	2016	2017	2018
农作物总播种面积/hm^2	15 510	15 530	14 480	14 500	13 870
粮食作物播种面积/hm^2	11 230	11 250	10 870	11 060	10 400
粮食作物单产/（kg/hm^2）	7 158	7 127	7 108	7 075	7 127
粮食作物总产/t	80 385	80 179	77 261	78 251	74 117
油料作物播种面积/hm^2	200	200	200	200	10
油料作物单产/（kg/hm^2）	2 550	2 600	2 635	2 625	1 800
油料作物总产/t	510	520	527	525	18

3. 畜牧业

新区 2014—2018 年畜牧业发展情况如表 1-5 所示。家禽是新区畜牧养殖的主要种类，2014 年新区家禽期末存栏量为 19.05 万只，2015 年为 17.76 万只，2016 年为 17.54 万只，2017 年为 6.99 万只，2018 年为 5.72 万只。猪的养殖量固定在 1.50 万头左右。2014 年新区猪当年出栏量为 0.95 万头，2015 年为 1.68 万头，2016 年为 1.58 万头，2017 年为 1.70 万头，2018 年为 1.52 万头。

表 1-5　镇江新区 2014—2018 年畜牧业发展情况

项目	年份				
	2014	2015	2016	2017	2018
猪当年出栏量/万头	0.95	1.68	1.58	1.70	1.52
猪期末存栏量/万头	1.30	1.32	1.37	2.02	1.47
羊当年出栏量/万头	0.04	0.10	0.09	0.09	0.07
羊期末存栏量/万头	0.23	0.32	0.29	0.27	0.17
家禽当年出栏量/万只	58.61	57.09	32.31	32.47	11.03
家禽期末存栏量/万只	19.05	17.76	17.54	6.99	5.72
肉类总产量/t	2 335	2 820	2 583	2 657	2 744
禽蛋产量/t	519	485	275	203	71

4. 蔬果产业

新区 2014—2018 年蔬果产业发展情况如表 1-6 所示。2017—2018 年，新区蔬菜及食用菌产业发展呈下降趋势，总播种面积从 9 207 hm^2 下降到 3 345 hm^2，蔬菜及食用菌总产从 299 047 t 下降到 102 718 t。2014—2018 年新区的水果产量和果园面积发展不稳定。2014 年果园面积为 9 hm^2，2015 年果园面积为 74 hm^2，2016 年果园面积为 68 hm^2，2017 年果园面积为 57 hm^2，2018 年果园面积为 57 hm^2。2014 年水果产量为 1 716 t，2015 年水果产量为 1 585 t，2016 年水果产量为 1 321 t，2017 年水果产量为 115 t，2018 年水果产量为1 105 t。

表 1-6 镇江新区 2014—2018 年蔬果产业发展情况

项目	年份				
	2014	2015	2016	2017	2018
果园面积/hm^2	9	74	68	57	57
水果产量/t	1 716	1 585	1 321	115	1 105
蔬菜及食用菌总播种面积/hm^2				9 207	3 345
蔬菜及食用菌单产/（kg/hm^2）				32 480	30 708
蔬菜及食用菌总产/t				299 047	102 718

二、耕作制度

耕作制度是根据作物的生态适应性与生产条件采用的种植方式，包括单种、复种、休闲、间种、套种、混种、轮作、连作等。与其相配套的技术措施包括农田基本建设、水利灌溉、土壤施肥与翻耕、病虫与杂草防治等。耕作制度是在一定的自然经济条件下形成的，并随生产力发展和科技进步而发展变化。在农业发展史上，其演变过程大致依次为撩荒农作制、休闲农作制、连作农作制、轮作农作制、复种农作制。我国耕地资源宝贵，因地制宜，采用科学的耕作制度可有效利用土地资源，保持良好的农业生态环境，并获得较高的经济效益，这是种植业发展的重要途径。

镇江新区城郊农业的特性与优势明显，以优质稻米、精品园艺为主导产业。大田农作物一年两熟，以水稻一小麦轮作、水稻一油菜轮作为主。优质稻米生产向规模化、机械化、数字化发展；精品园艺向品种优质化、设施化、标准化发展。注重稻米、园艺产业链体系和区域循环农业体系发展和辐射带动。

三、肥料施用

1978 年至今，镇江市化肥施用量总体呈现上升后下降的变化趋势。图 1-7 表明，

1978 年化肥施用量为 3.34 万 t，随后逐年增加，1995 年达到 10.28 万 t，1995—1999 年稳定在 10 万 t 以上，随后小幅度下降。2007 年化肥施用量回升到 10.14 万 t，随后呈下降趋势。2014—2018 年镇江市化肥施用量依次为 5.46 万 t、5.39 万 t、5.36 万 t、5.11 万 t、4.94 万 t。近年来，化肥使用量减少的主要原因是国家“减肥”政策的推动和肥料运筹技术的提升。

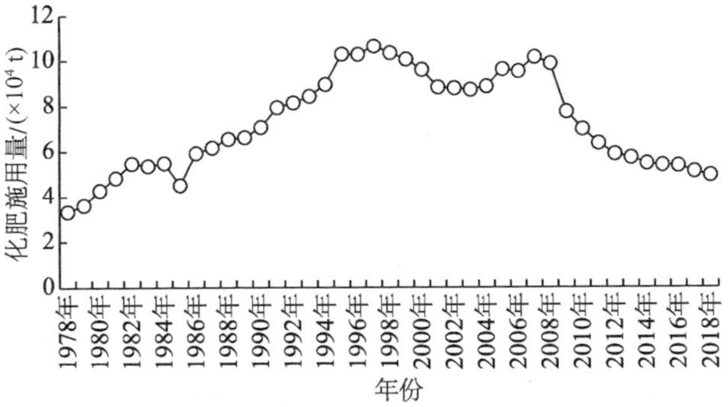

图 1-7　镇江市历年化肥施用量

如图 1-8 所示，镇江新区近 5 年来农用化肥施用量（折纯）上下波动较为明显。2014 年农用化肥施用量（折纯）为 3 110 t，2015 年农用化肥施用量（折纯）为 2 734 t，2016 年农用化肥施用量（折纯）为 3 110 t，2017 年农用化肥施用量（折纯）为 2 648 t，2018 年农用化肥施用量（折纯）为 2 594 t。

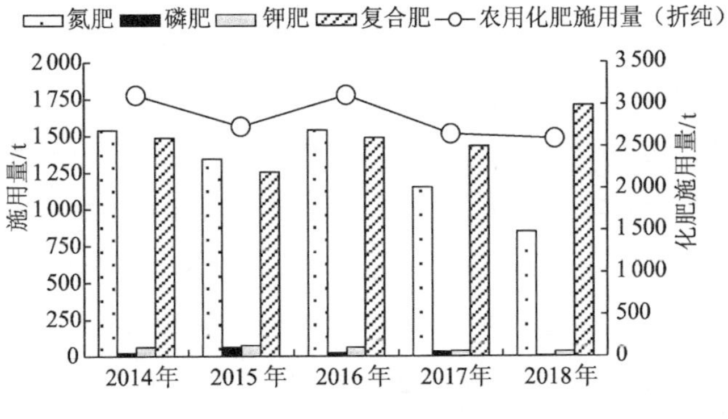

图 1-8　镇江新区 2014—2018 年农用化肥施用量情况

氮肥施用量出现与农用化肥施用量（折纯）相似的波动趋势。2014 年氮肥施用量为 1 540 t，2015 年氮肥施用量为 1 344 t，2016 年氮肥施用量为 1 540 t，2017 年氮肥施用量为 1 151 t，2018 年氮肥施用量为 848 t。而磷肥比例较低，磷肥施用量也存在上下波动，2014 年磷肥施用量为 22 t，2015 年磷肥施用量为 62 t，2016 年磷肥施用量为 22 t，

2017 年磷肥施用量为 30 t，2018 年磷肥施用量为 5 t。2014—2018 年钾肥施用量分别为 60 t、72 t、60 t、35 t、33 t，2015 年施用量最高，每年上下波动变化较大。

如图 1-9 所示，2014—2018 年，氮肥用量占总用肥量的比例依次为 49.52%、49.16%、49.52%、43.47%、32.69%，磷肥用量占总用肥量的比例依次为 0.71%、2.27%、0.71%、1.13%、0.20%，钾肥用量占总用肥量的比例依次为 1.93%、2.63%、1.93%、1.32%、1.27%，复合肥用量占总用肥量的比例依次为 47.84%、45.94%、47.84%、54.08%、65.84%。总体来看，氮肥和复合肥是主要用肥。

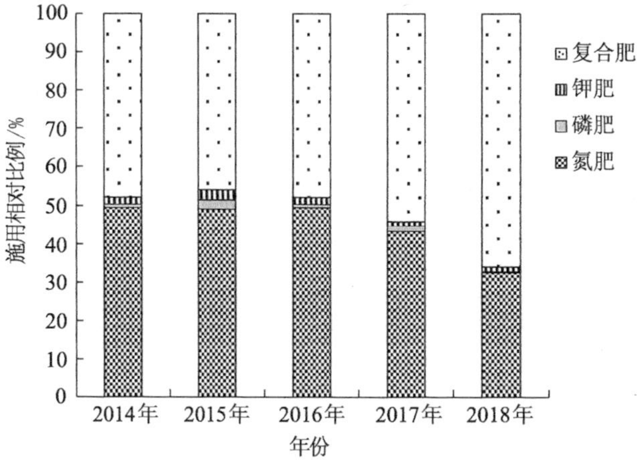

图 1-9　镇江新区 2014—2018 年肥料用量相对比例

2014 年氮肥、磷肥、钾肥用量的比例为 70.0∶1.0∶2.7，2015 年氮肥、磷肥、钾肥用量的比例为 21.7∶1.0∶1.2，2016 年氮肥、磷肥、钾肥用量的比例为 70.0∶1.0∶2.7，2017 年氮肥、磷肥、钾肥用量的比例为 38.4∶1.0∶1.2，2018 年氮肥、磷肥、钾肥用量的比例为 169.6∶1.0∶6.6。氮肥占比远远高于磷肥和钾肥占比，氮肥的高占比很大程度上解释了为什么氮肥施用量与农用化肥施用量（折纯）有相似的波动趋势。

就新区而言，2014 年复合肥施用量为 1 488 t，2015 年复合肥施用量为 1 256 t，2016 年复合肥施用量为 1 488 t，2017 年复合肥施用量为 1 432 t，2018 年复合肥施用量为 1 708 t。复合肥施用量近 5 年来呈逐步上升的发展态势，从 2017 年开始，复合肥施用量开始高于氮肥施用量。

第四节 农田基础设施

农田基础设施是农业生产活动的产物。农业生产活动是土壤形成的人为因素，它与自然成土因素（5种）并列为两大成土因素，对土壤的影响极其深刻。它不仅能改变地形条件和径流条件，而且能改变土壤原来的水文状况和动态，使耕地的肥力发展发生根本性的变化。农田基础设施水平主要以农田基本建设的指标来衡量，它是改造和建设农田的重要环境因素，包含土地整理、沟渠设施、农田林网及道路等。

一、农田基础设施建设

中华人民共和国成立以来，新区大搞农田基本建设，特别是20世纪90年代以来的农业综合开发治理工程和国家“优质粮食工程”的实施，使新区农田基础设施条件得到了很大改善，农作物优质高产低成本的增效能力日益增强。

1. 农田排水降渍能力提高

新区渗育型水稻土分布于沿江圩区，地下水位较高，渍害较重，20世纪60年代大规模地兴修水利，筑圩堆垛，土壤水气矛盾得到了很好的解决。丘陵地区灌溉困难，干旱对农业生产影响较大，必须重点解决水源。20世纪90年代以来的农业综合开发治理工程、水利建设工程和国家“优质粮食工程”的实施，进一步提高了新区农田排水降渍和抗旱能力。

2. 农田土壤肥力基础明显提高

据第二次全国土壤普查，新区农田土壤养分状况呈现有机质含量低、缺氮、少磷和钾等状况。从20世纪80年代至今，通过增施有机肥料、节氮增磷补钾工程、配方施肥、低产土壤改良等一系列重大措施，土壤肥力有了很大提高。据近期的耕地地力调查，全区耕地土壤有机质、碱解氮、有效磷、速效钾分别由原来的19.50 g/kg、96.70 mg/kg、6.67 mg/kg、90.60 mg/kg提高到现在的25.60 g/kg、108.30 mg/kg、12.40 mg/kg、96.40 mg/kg，分别提高了6.10 g/kg、11.60 mg/kg、5.73 mg/kg、5.80 mg/kg。

二、农田配套系统设施

农田配套系统主要指林、电、路的建设状况，20 世纪 90 年代以来，新区致力于农业综合开发，通过国家、省农业综合开发项目，取得了显著成效。

1. 大力实施农田电网改造工程

20 世纪 90 年代以来，国家大力扶持农业，进行农业综合开发，全区先后为农村电网改造工程投资 1.2 亿元，建成 110 kV 变电所 2 座，变压器 2 台，总容量 2.75 万 kVA；35 kV变电所 4 座，变压器 14 台，总容量 4.16 万 kVA；10 kV 线路 28 条，总长 644 km。农田电力作业得到了基本保证。

2. 农田林网道路基本形成

新区从 2008 年申报全国生态示范区建设以来，全区实施了农田林网和村庄绿化的植树造林工程，通过多年的努力已建设农田林网 8 200 hm^2，成片造林累计 2 957.04 hm^2，四旁（路、村、水渠、宅）植树 345 万株，清障达标 12 个。通过近年来国家农业综合开发项目的实施，综合开发治理面积约 5 333 hm^2。

2

第二章

耕地地力评价方法

第一节 样品采集

一、采样方法

基于县域耕地资源管理信息系统，完成对新区 1∶50 000 土地利用现状图、1∶50 000土壤图和 1∶50 000 行政区划图的三图叠加，形成镇江新区耕地资源管理单元图。按照均匀布点，综合考虑土壤类型、作物布局及第二次全国土壤普查农化样点，每 12～30 hm^2 布设一个样点，形成新区采样点分布图，再将样点逐一转绘到 1∶10 000 土地利用现状图上，供野外调查取样时使用。

（1）大田作物土壤采样方法。稻田土壤采样在水稻收获后进行。首先根据采样点分布图中的点位，到点位所在的村庄确定具有代表性的田块，依据田块的 GPS 定位仪确定准确的点位位置。然后向农户了解采样田块的农业生产情况，按调查表格的内容逐项进行填写。最后在该地块中采集土壤样品。样品采集深度为耕层 0～20 cm，采用“S”形采样法均匀随机采取 15 个采样点的样品，经充分混合后，四分法留取 1.5 kg 土样，采样工具为专用采样器。

（2）蔬菜地土壤采样方法。蔬菜地土壤采样在蔬菜收获后空茬时进行。首先根据采样点分布图的位置，到点位所在的村庄确定具有代表性的田块，依据田块的 GPS 定位仪确定准确的点位位置。然后向农户了解蔬菜地的种植年限、主要蔬菜种类、施肥水平、耕作管理和效益等农业生产情况，并按调查表格的内容逐项进行填写。最后在该地块中采集土壤样品，大棚地土样限于同一个棚内，耕层采样深度为 0～25 cm，亚耕层采样深度为 25～50 cm。采样方法同大田作物。

二、采样调查步骤

1. 资料准备

（1）文字资料。区、镇、村行政编码表，新区土壤志，第二次全国土壤普查农化样点资料，历年土壤肥力监测点田间记载及化验结果资料，历年肥情点调查资料，土地利用现状分类统计资料，农田灌、排情况统计等。

（2）图件资料。1∶50 000 地形图，1∶50 000 和 1∶10 000 土地利用现状图，1∶50 000土壤图及其他土壤普查成果图，1∶50 000 行政区划图，排涝模数和灌溉模数图，1∶50 000 第二次全国土壤普查农化样点点位图和剖面点位图，主要污染源点位图等。

2. 采样点布设

根据布点原则，首先对 1∶50 000 土地利用现状图、1∶50 000 土壤图和 1∶50 000 第二次土壤普查农化样点点位图三图进行叠加，在叠加形成的工作图上进行采样点布设，然后将样点逐一转绘到 1∶10 000 土地利用现状图上，供野外调查取样时使用。

3. 野外农户调查和取样

首先根据点位图到点位所在的村庄确定具有代表性的田块，用 GPS 定位仪进行定位；然后按照调查表格的要求，完成对农户的访问；最后采集土壤样本。

4. 调查资料整理与计算机录入

野外工作结束后，对调查收集的资料进行整理，并录入农业农村部提供的系统。

三、调查内容

调查内容是调查工作的核心，决定着调查成果的质量。本次调查内容包括以下几个方面：一是与耕地质量评价相关的测土配方施肥采样地块基本情况调查，包括耕地自然环境条件、地理位置、生产条件、土壤情况、来年种植意向等；二是耕地质量等级调查，包括自然环境条件、地理位置、生产条件、土壤情况等；三是与农户农业生产管理相关联的农户施肥情况调查，包括施肥相关情况、推荐施肥情况、实际施肥总体情况、实际施肥明细等。

为野外调查设计了 3 张表格：一是采样地块基本情况调查表；二是耕地质量等级调查表；三是新区采样地块施肥情况调查表。

第二节 样品分析

一、分析项目

根据镇江新区耕地地力调查与质量评价指标体系，选择了对农作物生长和品质影响较大、具有全局性影响的重点元素作为分析项目。具体如下：

(1) 水稻田、蔬菜地、杨树地、桑树地等大田土样分析项目。主要有 14 项：pH

值、有机质、全氮、有效磷、速效钾、缓效钾、有效铜、有效锌、有效铁、有效锰、有效硼、有效钼、有效硅、阳离子交换量。

（2）灌溉水水样分析项目。主要有11项：pH值、化学耗氧量、生物耗氧量、铅、镉、汞、砷、六价铬、铜、锌、氟化物。

二、分析方法

分析化验方法参照农业农村部《耕地地力调查与质量评价技术规程》中规定的“测试分析方法”进行。

（1）土壤肥力样品分析项目与方法具体见表2-1。

表2-1　土壤肥力样品分析项目与方法

分析项目	测试方法	执行标准
pH值	采用电位法，土液比1∶2.5	GB/T 33469—2016
有机质	重铬酸钾－硫酸－油浴法	GB/T 33469—2016
有效磷	氟化铵－盐酸提取－钼锑抗比色法	NY/T 148—1990
速效钾	乙酸铵提取－火焰光度法	NY/T 889—2004
全氮	凯氏蒸馏法	NY/T 53—1987
土壤铵态氮	靛酚蓝比色法	GB 7851—1987
土壤硝态氮	酚二磺酸比色法	GB/T 32737—2016
缓效钾	硝酸提取－火焰光度法	NY/T 889—2004
有效态铜、锌、铁、锰	DTPA提取－原子吸收光谱法	NY/T 890—2004
有效钼	草酸－草酸铵－极谱法	NY/T 1121—2006
水溶性硼	姜黄素比色法	NY/T 1121—2006
有效态硫	磷酸盐－乙酸提取，硫酸钡比浊法	NY/T 1121—2006
有效硅	柠檬酸浸提－硅钼蓝比色法	NY/T 1121—2006
交换性钙和镁	乙酸铵－原子吸收光谱法	NY/T 1121—2006
土壤水分	烘干法	GB 7172—1987
土壤容重	环刀法	GB/T 33469—2016
土壤阳离子交换量	EDTA－乙酸铵盐交换法	GB 7863—1987

（2）灌溉水样品分析项目与方法具体见表2-2。

表 2-2 灌溉水样品分析项目与方法

分析项目	分析方法	执行标准
pH 值	玻璃电极法	GB/T 6920—1986
化学需氧量（COD）	重铬酸盐法	GB/T 11914—1989
总汞	原子荧光法	GB/T 7468—1987
铜、锌、铅、镉	原子吸收分光光度法	GB/T 7475—1987
总砷	原子荧光法	GB/T 7485—1987
六价铬	分光光度法	GB/T 7467—1987
氟化物	离子色谱法	GB/T 7484—1987

三、质量控制

1. 实验室基本要求

实验室用水用电热蒸馏或石英蒸馏或离子交换等方法制备，符合《分析实验室用水规格和试验方法》（GB/T 6682—2008）的规定。常规检验使用三级水，配制标准溶液用水、特定项目用水符合二级水要求。

2. 分析质量控制基础实验

（1）全程空白值测定每次做 2 个平行样，连测 5 天共得 10 个测定结果，批内偏差（S_{wb}）按式（2-1）计算：

$$S_{wb}=\frac{\sqrt{\sum(X_i-X_{平})^2}}{m(n-1)} \quad (2\text{-}1)$$

式中：n 为每天测定平均样个数；m 为测定天数。

（2）根据空白值测定的批内标准偏差（S_{wb}），按下列公式计算检出限（95%的置信水平）。

① 若试样一次测定值与深度试样一次测定值有显著性差异时，检出限 L 按式(2-2)计算：

$$L=2\sqrt{2}\,t_f S_{wb} \quad (2\text{-}2)$$

式中：t_f 为显著性水平为 0.05（单侧）、自由度为 f 的 t 值；S_{wb} 为批内空白值标准偏差；f 为批内自由度，$f=m(n-1)$，m 为重复测定的次数，n 为平行测定的次数。

② 原子吸收分析方法检出限按式（2-3）计算：

$$L=3S_{wb} \quad (2\text{-}3)$$

③ 分光光度法以扣除空白值后的吸光值 0.010 相对应的浓度值为检出限。

（3）校准曲线标准系列设置 6 个以上浓度点。根据一元线性回归方程计算：

$$y=a+bx$$

式中：y 为吸光度；x 为等测浓度；a 为截距；b 为斜率。

每批样品皆做校准曲线。校准曲线相关系数力求 $R \geqslant 0.999$，有良好重现性，且即使校准曲线有良好的重现性也不宜长期使用；等测液浓度过高时不任意外推；大批量分析时每测 30 个样品用一标准液校验，以查仪器灵敏度漂移情况。

(4) 精密度控制。凡可以进行双样分析的项目，每批样品每个项目分析时做 20% 的平行样品；5 个样品以下，增加到 50%以上。平行双样测定结果的误差在允许误差范围之内者为合格（见表 2-3）。平行双样测定全部不合格者重新进行平行双样的测定；平行双样测定合格率≤95%时，除对不合格者重新测定外，再增加 10%～20%的测定率，如此累进，直到总合格率在 95%以上。

表 2-3　灌溉水测定平行样最大允许相对偏差

含量范围/（mg/L）	最大允许相对偏差/%	含量范围/（mg/L）	最大允许相对偏差/%
≤0.001	50	0.1～1.0	25
0.001～0.010	45	1.0～10.0	20
0.010～0.100	30	10.0～100.0	10

(5) 准确度控制。

① 使用标准样品或质控样品。例行分析中，每批带质控平行双样，在测定的精密度合格的前提下，质控样品测定值需在质控样品保证值（在 95%的置信水平）范围之内；否则本批测定结果无效，需重新分析测定。

② 加标回收率的测定。当选测的项目无标准物质或质控样品时，用加标回收实验来检查测定准确度。在一批试样中，随机抽取 10%～20%的试样进行加标回收测定。样品数不足 10 个时，适当增加加标比率。每批同类型试样中，加标试样不应小于 1 个。加标量视被测组分的含量而定。含量高的加入被测组分的总量不得超出方法的测定上限。

(6) 异常结果发现时的检查与核对。在判断一组数据中是否有异常值时，用数理统计法加以处理观察，采用 Grubbs 法。

$$T_{计}=|X_k-X|/S$$

式中：X_k 为怀疑异常值；X 为包括 X_k 在内的一组平均值；S 为包括 X_k 在内的标准差。

根据一组测定结果，由小到大排列，按上述公式，X_k 可为最大值，也可为最小值。根据计算样本容量 n，查 Grubbs 检验临界值 T_α 表，若 $T_{计}<T_{0.01}$，则 X_k 不是异常值。

第三节 地力评价

耕地质量是指由耕地地力、土壤健康状况和农田基础设施构成的满足农产品持续产出和保证质量安全的能力。其中耕地地力是指在当前管理水平下，由土壤立地条件、自然属性等相关要素构成的耕地生产能力；土壤健康状况是指土壤作为一个动态生命系统具有的维持其功能的持续能力，一般以清洁程度、生物多样性表示；农田基础设施包括田、林、路、电、水。

一、评价依据

本次耕地质量评价采用的是国家标准《耕地质量等级》（GB/T 33469—2016），即通过“3S”技术建立“耕地资源管理信息系统”，对收集的资料进行系统的分析和研究，并综合应用相关分析、因子分析、模糊评价、层次分析等数学方法，结合专家经验并用计算机拟合、插值等方法构建一种定性与定量相结合的耕地生产潜力评价方法（见图 2-1）。

二、评价指标

1. 评价指标的确定原则

（1）*重要性原则*。选取的因子应对耕地生产能力有比较大的影响，如地形因素、土壤因素、灌排条件等。

（2）*差异性原则*。选取的因子应在评价区域内的变异较大，便于划分耕地地力的等级。如在地形起伏较大的区域，地面坡度对耕地地力有很大影响，必须列入评价指标体系；有效土层是影响耕地生产能力的重要因素，在多数地方都应列入评价指标体系，但在冲积平原地区，耕地土壤都是由松软的沉积物发育而成的，有效土层深厚而且比较均一，就可以不作为参评因素。

（3）*稳定性原则*。选取的评价因素应在时间序列上具有相对的稳定性，如土壤的质地、有机质含量等，评价的结果能够有较长的有效期。

（4）*易获取原则*。选取的评价因素应通过常规的方法即可以获取，如土壤养分含量、耕层厚度、灌排条件等。某些指标虽然对耕地生产能力有很大影响，但获取比较困难，或者获取的费用比较高，当前不具备条件的，可不列入评价指标体系。

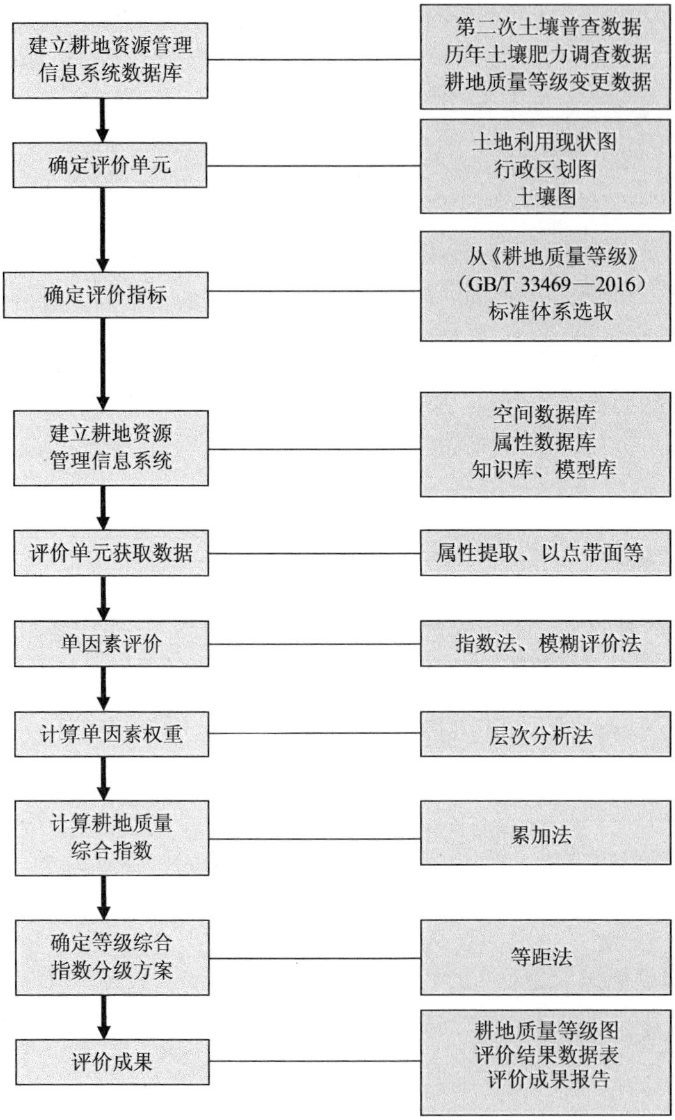

图 2-1　耕地质量评价技术流程

(5) 必要性原则。选取的评价因素与评价区域的大小有密切的关系。如在一个县的范围内，气候因素变化较小，可以不作为参评指标。

(6) 精简性原则。选取的指标并不是越多越好，选取的指标太多，工作量和费用都要增加，一般 8～15 个指标即能够满足评价的需要。

2. 长江中下游区耕地质量等级划分指标

根据全国综合农业区划，结合不同区域耕地特点、土壤类型分布特征（GB/T 17296—2009），将全国耕地划分为东北区、内蒙古及长城沿线区、黄淮海区、黄土高原区、长江中下游区、西南区、华南区、甘新区、青藏区九大区域。各区域耕地质量指标由基础性指标和区域补充性指标组成，其中，基础性指标包括地形部位、有效土层厚度、有机质含量、耕层质地、土壤容重、质地构型、土壤养分状况、生物多样性、清洁程度、障碍因素、灌溉能力、排水能力、农田林网化率 13 个指标。区域补充性指标包括耕层厚度、田面坡度、盐渍化程度、地下水埋深、酸碱度、海拔高度 6 个指标。耕地质量等级划分标准参照农业农村部制定的《全国耕地质量等级评价指标体系》划分标准，共划分为十级地，耕地质量综合指数越大，耕地质量水平越高。一级地等级最高，十级地等级最低。长江中下游区耕地质量等级划分指标见表 2-4。

表 2-4　长江中下游区耕地质量等级划分指标

<table>
<tr><th colspan="2" rowspan="2">指标</th><th colspan="10">等级</th></tr>
<tr><th>一级地</th><th>二级地</th><th>三级地</th><th>四级地</th><th>五级地</th><th>六级地</th><th>七级地</th><th>八级地</th><th>九级地</th><th>十级地</th></tr>
<tr><td colspan="2">地形部位</td><td colspan="2">河流中下游平缓阶地、山间盆地、宽谷盆地、平坝、低塝田、下冲垄田、河湖冲、沉积平原、冲积海积平原、滨海平原</td><td colspan="2">山间畈田、河流上游宽谷阶地、低丘坡田、缓塝田、缓丘坡田、冲垄下部、下部田、平原湖（圩）田、河湖冲、沉积平原、冲积海积平原、滨海平原</td><td colspan="3">河谷低阶地、盆谷阶地、江河高阶地、丘陵低谷地、缓岗地、丘陵中部、下部、冲垄上部田、河湖冲、沉积平原低洼地、滨海平原洼地、新垦滩涂</td><td colspan="3">河谷阶地、山间谷地、封闭洼地、高丘山地、丘陵谷地、山垄上冲田、丘陵上部、新垦滩涂</td></tr>
<tr><td colspan="2">有效土层厚度/cm</td><td colspan="3">≥100</td><td colspan="4">60～100</td><td colspan="3"><60</td></tr>
<tr><td colspan="2">有机质含量/（g/kg）</td><td colspan="3">≥24（≥28）</td><td colspan="2">18～40（20～40）</td><td colspan="3">10～30（15～30）</td><td colspan="2"><10（<15）</td></tr>
<tr><td colspan="2">耕层质地</td><td colspan="3">中壤、重壤、轻壤</td><td colspan="3">砂壤、轻壤、中壤、重壤、黏土</td><td colspan="4">砂土、重壤、黏土</td></tr>
<tr><td colspan="2">土壤容重</td><td colspan="5">适中</td><td colspan="5">偏轻或偏重</td></tr>
<tr><td colspan="2">质地构型</td><td colspan="3">上松下紧型、海绵型</td><td colspan="3">松散型、紧实型、夹黏型</td><td colspan="4">夹砂型、上紧下松型、薄层型</td></tr>
<tr><td colspan="2">土壤养分状况</td><td colspan="3">最佳水平</td><td colspan="3">潜在缺乏或养分过量</td><td colspan="4">养分贫瘠</td></tr>
<tr><td rowspan="2">土壤健康状况</td><td>生物多样性</td><td colspan="3">丰富</td><td colspan="3">一般</td><td colspan="4">不丰富</td></tr>
<tr><td>清洁度</td><td colspan="10">清洁、尚清洁</td></tr>
<tr><td colspan="2">障碍因素</td><td colspan="3">100 cm 内无障碍因素或障碍层出现</td><td colspan="3">50～100 cm 内出现障碍层（潜育层、网纹层、白土层、黏化层、盐积层、焦砾层、砂砾层等），或有其他障碍因素</td><td colspan="4">50 cm 内出现障碍层（潜育层、白土层、网纹层、盐积层、黏化层、焦砾层、砂砾层、腐泥层、泥炭层等），或有其他障碍因素</td></tr>
</table>

续表

指标	等级									
	一级地	二级地	三级地	四级地	五级地	六级地	七级地	八级地	九级地	十级地
灌溉能力	充分满足		满足			基本满足		不满足		
排水能力	充分满足		满足			基本满足		不满足		
农田林网化程度	高、中				中				低	
酸碱度	pH 值 6.0～8.0（pH 值 5.5～8.0）				pH 值 5.5～8.5（pH 值 5.0～8.5）		pH 值 4.5～6.5（pH 值 4.5～5.5）、pH 值 8.5～9.0（pH 值 8.0～8.5）		pH 值＞9.0（pH 值＞8.5）、pH 值＜4.5（pH 值＜5.0）	

注：括号中数值为水田耕地质量等级划分指标。

3. 镇江新区耕地质量评价指标体系

依据国家标准《耕地质量等级》（GB/T 33469—2016），镇江新区属于长江中下游区，共确定了 15 个指标，分别为清洁程度、生物多样性、农田林网化、地形部位、有效土层厚度、质地构型、障碍因素、pH 值、容重、耕层质地、有效磷、速效钾、有机质、排水能力、灌溉能力。具体指标见表 2-5。

表 2-5　镇江新区耕地质量评价指标

A 层	B 层	C 层
耕地质量等级	健康状况	清洁程度、生物多样性
	立地条件	农田林网化、地形部位
	剖面性状	有效土层厚度、质地构型、障碍因素
	理化性状	pH 值、容重、耕层质地
	土壤养分	有效磷、速效钾、有机质
	农田管理	排水能力、灌溉能力

三、评价方法

选择好评价因子后，对各个因素进行隶属度和权重的评价。

1. 单因素评价及隶属度——模糊评价法

（1）基本原理

模糊数学提出模糊子集、隶属度和隶属函数的概念。

① 模糊子集：任何一个模糊性的概念集合就是模糊子集，在一个模糊子集中取值范畴为 0～1。

② 隶属度：元素符合这个模糊性概念的程度。完全符合时隶属度为1，完全不符合时为0，部分符合时取0～1。

③ 隶属函数：表示元素与隶属度之间的解析函数。根据隶属函数，元素的每个值都可以算出其对应隶属度。

（2）特菲尔法步骤

第一步：确定提问的提纲。列出的调查提纲应当用词准确，层次分明，集中于要判断和评价的问题。为了使专家易于回答问题，通常在引出调查提纲的同时提供有关背景材料。

第二步：选择专家。为了得到较好的评价结果，需要选择对问题了解较多的专家10～50人，少数重大问题可选择100人以上。

第三步：调查结果的归纳、反馈和总结。收集到专家对问题的判断后，应作一归纳。定量判断的归纳结果通常符合正态分布。在仔细听取了持极端意见的专家的理由后，去掉两端各25%的意见，寻找出意见最集中的范围，然后把归纳结果反馈给专家，让他们再次提出自己的评价和判断。这样反复3～4次后，专家的意见会逐步趋近一致，这时就可作出最后的分析报告。

（3）隶属函数模型

① 戒上型函数模型

$$y_i=\begin{cases}0 & u_i\leqslant u_t\\ 1/\left(1+a_i\left(u_i-c_i\right)^2\right) & u_t<u_i<c_i\ (i=1,2,3,4,\cdots,m)\\ 1 & c_i\leqslant u_i\end{cases}$$

式中：y_i为t第i因素评语；u_i为样品观测值；c_i为标准指标；a_i为系数；u_t为指标下限值。

② 戒下型函数模型

$$y_i=\begin{cases}0 & u_t\leqslant u_i\\ 1/\left(1+a_i\left(u_i-c_i\right)^2\right) & c_i<u_i<u_t\ (i=1,2,3,4,\cdots,m)\\ 1 & u_i\leqslant c_i\end{cases}$$

③ 峰型函数模型

$$y_i=\begin{cases}0 & u_i\leqslant u_{t1}\text{或}u_i\geqslant u_{t2}\\ 1/\left(1+a_i\left(u_i-c_i\right)^2\right) & u_{t1}<u_i<u_{t2}\ (i=1,2,3,4,\cdots,m)\\ 1 & u_i=c_i\end{cases}$$

式中：u_{t1}、u_{t2}分别为指标上、下限值。

④ 直线型函数模型

$$y_i=b+a_i\times u_i$$

⑤ 概念型函数模型（散点型）

这类指标其性状是定性的、综合性的，与耕地生产能力之间是一种非线性的关系，如地貌类型、土壤剖面构型、质地等。对这类因素的评价可采用特菲尔法直接给出隶属度。

（4）新区各因子的函数模型

镇江新区耕地质量等级评价指标隶属函数模型和隶属度见表 2-6 和表 2-7。

表 2-6 镇江新区耕地质量等级评价指标隶属函数模型

指标名称	函数类型	计算公式	a 值	c 值	u_1 值	u_2 值
pH 值	峰型	$y=1/[1+a\cdot(u-c)^2]$	0.221 129	6.811 204	3	10
有机质	戒上型	$y=1/[1+a\cdot(u-c)^2]$	0.001 842	33.656 446	0	33.656 446
有效磷	戒上型	$y=1/[1+a\cdot(u-c)^2]$	0.002 025	33.346 824	0	33.346 824
速效钾	戒上型	$y=1/[1+a\cdot(u-c)^2]$	0.000 081	181.622 535	0	181.622 535
有效土层厚	戒上型	$y=1/[1+a\cdot(u-c)^2]$	0.000 205	99.092 342	10	99.092 342

表 2-7 镇江新区耕地质量等级评价指标隶属度

指标名称	指标数据内容	隶属度	指标名称	指标数据内容	隶属度
地形部位	平原低阶	1.00	清洁程度	尚清洁	0.80
	平原中阶或宽谷盆地	0.95	质地构型	上松下紧型	1.00
	平原高阶	0.90		海绵型	0.95
	丘陵下部或山间盆地	0.80		夹层型	0.85
	丘陵中部	0.70		紧实型	0.75
	山地坡下	0.68		薄层型	0.55
	丘陵上部	0.60		上紧下松型	0.40
	山地坡中	0.45		松散型	0.30
	山地坡上	0.30	排水能力	充分满足	1.00
耕层质地	中壤	1.00		满足	0.80
	重壤	0.95		基本满足	0.60
	轻壤	0.90		不满足	0.30
	砂壤	0.85	灌溉能力	充分满足	1.00
	黏土	0.70		满足	0.80
	沙土	0.60		基本满足	0.60
障碍因素	无	1.00		不满足	0.30
	酸化	0.70	农田林网化	高	1.00
	瘠薄	0.65		中	0.85
	障碍层次	0.60		低	0.70
	渍潜	0.55	生物多样	丰富	1.00
	盐碱	0.50		一般	0.80
清洁程度	清洁	1.00		不丰富	0.60

2. 单因素权重的确定——层次分析法

层次分析方法的基本原理：把复杂问题中的各个因素按照相互之间的隶属关系排成从高到低的若干层次，建立不同层次元素之间的相互关系，根据对一定客观现实的判断，就同一层次相对重要性相互比较的结果，决定同一层次各元素重要性先后次序。

在确定权重时，首先要建立层次结构，对所分析的问题进行层层解剖，根据它们之间的隶属关系，建立一种多层次的架构，以利于问题的分析和研究。

其次是构造判断矩阵，一般用三层结构来分析，即目标层（A 层）、准则层（B 层）和指标层（C 层）（见表 2-5）。对于目标层 A，则要对准则层 B 中的各因素进行相对重要性判断，可参照相关分析及因子分析的结果，请有经验的专家分别给予判断和评估，从而得到准则层 B 对于目标层 A 的判断矩阵。同理可得到指标层 C 相对于各准则层 B 的判断矩阵。判断矩阵各影响因子权重见表 2-8 至表 2-15。

表 2-8 耕地质量评价判断矩阵

耕地质量评价	健康状况	立地条件	剖面性状	理化性状	土壤养分	农田管理	W_i
健康状况	1.000 0	0.487 8	0.463 0	0.367 6	0.285 7	0.304 9	0.068 0
立地条件	2.050 0	1.000 0	0.952 4	0.757 6	0.588 2	0.625 0	0.139 7
剖面性状	2.160 0	1.050 0	1.000 0	0.793 7	0.617 3	0.657 9	0.146 7
理化性状	2.720 0	1.320 0	1.260 0	1.000 0	0.775 2	0.826 4	0.184 6
土壤养分	3.500 0	1.700 0	1.620 0	1.290 0	1.000 0	1.063 8	0.237 7
农田管理	3.280 0	1.600 0	1.520 0	1.210 0	0.940 0	1.000 0	0.223 3

表 2-9 健康状况判断矩阵

健康状况	清洁程度	生物多样性	W_i
清洁程度	1.000 0	0.970 9	0.492 6
生物多样性	1.030 0	1.000 0	0.507 4

表 2-10 立地条件判断矩阵

立地条件	农田林网化	地形部位	W_i
农田林网化	1.000 0	0.413 2	0.292 4
地形部位	2.420 0	1.000 0	0.707 6

表 2-11 剖面性状判断矩阵

剖面性状	有效土层厚	质地构型	障碍因素	W_i
有效土层厚	1.000 0	0.800 0	0.769 2	0.281 7
质地构型	1.250 0	1.000 0	0.970 9	0.353 3
障碍因素	1.300 0	1.030 0	1.000 0	0.365 0

表 2-12　理化性状判断矩阵

理化性状	pH 值	容重	耕层质地	W_i
pH 值	1.000 0	0.877 2	0.617 3	0.265 9
容重	1.140 0	1.000 0	0.699 3	0.302 5
耕层质地	1.620 0	1.430 0	1.000 0	0.431 6

表 2-13　土壤养分判断矩阵

土壤养分	有效磷	速效钾	有机质	W_i
有效磷	1.000 0	0.952 4	0.463 0	0.237 5
速效钾	1.050 0	1.000 0	0.485 4	0.249 3
有机质	2.160 0	2.060 0	1.000 0	0.513 2

表 2-14　农田管理判断矩阵

农田管理	排水能力	灌溉能力	W_i
排水能力	1.000 0	1.052 6	0.512 8
灌溉能力	0.950 0	1.000 0	0.487 2

表 2-15　各影响因子权重

影响因子名称	指标权重	影响因子名称	指标权重
清洁程度	0.033 5	容重	0.055 8
生物多样性	0.034 5	耕层质地	0.079 7
农田林网化	0.040 8	有效磷	0.056 5
地形部位	0.098 8	速效钾	0.059 3
有效土层厚	0.041 3	有机质	0.122 0
质地构型	0.051 8	排水能力	0.114 5
障碍因素	0.053 6	灌溉能力	0.108 8
pH 值	0.049 1	—	—

3. 确定耕地质量综合指数并分级

用指数和法计算耕地质量综合指数（Integrated Fertility Index，IFI），具体公式为

$$IFI = \sum F_i \times C_i$$

式中：F_i为第 i 个因素的评语（隶属度）；C_i为第 i 个因素的组合权重。

利用耕地资源管理信息系统，在“专题评价”模块中编辑层次分析模型及各评价因子的隶属函数模型，然后选择“耕地生产潜力评价”功能进行耕地质量综合指数的计算。

镇江新区耕地质量综合指数分级见表2-16。

表2-16 镇江新区耕地质量综合指数分级

等级	等级指数	等级	等级指数
一级地	≥0.917 0	六级地	0.793 9～0.818 5
二级地	0.892 4～0.917 0	七级地	0.769 3～0.793 9
三级地	0.867 8～0.892 4	八级地	0.744 6～0.769 3
四级地	0.843 1～0.867 8	九级地	0.720 0～0.744 6
五级地	0.818 5～0.843 1	十级地	0～0.720 0

第四节 耕地资源管理信息系统

耕地资源管理信息系统是对耕地资源基础数据库进行高效管理的一款软件。该系统以Microsoft Visual Basic 6.0为开发语言；以ESRI公司的组件式GIS产品MapObjects为空间数据显示、编辑、分析工具；以Access DB数据库和Dbase DBF数据库保存属性及多媒体数据；既可单机运行也可通过网络与GeoDatabase交换数据。

一、资料收集与整理

开展耕地质量评价依赖于大量的标准化数据，这些数据来自第二次土壤普查成果，以及近20年来各地开展的各类土壤监测、土壤养分调查、地力调查与质量评价、肥效试验和田间示范等。主要以测土配方施肥的野外调查、农户调查、土壤测试和田间试验示范数据等为主。要对这些数据进行收集和整理，应依据一定规范建立标准化的属性数据库和空间数据库。

1. 数据及文本资料

数据及文本资料包括县、乡、村名编码表，土壤类型代码表，近3年稻、麦、棉、油等农作物单产、总产、种植面积统计资料（以村为单位），农村及农业生产基本情况资料（县、乡、村土地情况、人口情况、农作物布局、国民生产总值等），第二次土壤普查土壤农化样采样点基本情况及化验结果数据表，土壤肥力普查土壤采样点基本情况及化验结果数据表，耕地地力调查点基本情况及土壤样品化验结果数据表，耕地环境质量调查点基本情况及土壤样品化验结果数据表，土壤志、土种志、主要污染源调查情况统计表等。

2. 图件资料

图件资料包括地形图、土地利用现状图（电子地图，一般为 ArcInfo、MapInfo、MapGIS 等格式。每一个地块有行政代码、面积、地类等数据）、行政区划图、土壤图、水利分区图、地貌类型分区图，以及主要污染源点位图、第二次土壤普查农化样点点位图、耕地地力调查点点位图、环境质量调查点点位图、肥力普查采样点点位图。

3. 其他资料

（1）各镇（街道）基本情况描述。

（2）各种土种性状描述，包括其发生、发育、分布、生产性能、障碍因素等。

（3）土壤典型剖面照片。

（4）土壤肥力监测点景观照片。

（5）当地典型景观照片。

（6）特色农产品介绍。

（7）地方介绍资料。

二、属性数据库

系统中包括各种各样的属性数据。这些属性数据可以概括为两大类，即自然属性和社会属性。自然属性包括气候、地形地貌、水文地质、植被等自然成土因素和土壤剖面形态等；社会属性包括地力交通、农业经济、农业生产技术等。属性数据的获得有两种方式：一是通过野外实际调查及测定；二是收集和分析相关学科已有的调查成果和文献资料。

1. 数据标准

数据格式：mdb 或 dbf。

属性数据表名、字段类型、字段长度、数据单位等参见《县域耕地资源管理信息系统数据字典》标准。

2. 属性数据处理流程

耕地资源管理信息系统属性数据处理流程如图 2-2 所示。

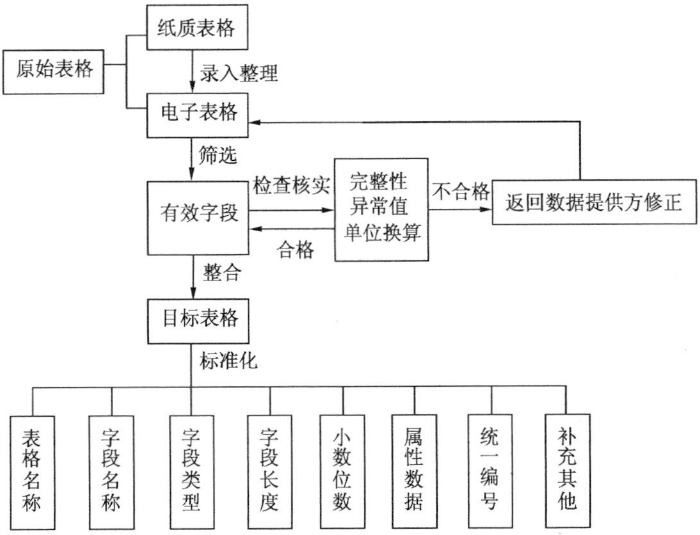

图 2-2 耕地资源管理信息系统属性数据处理流程

3. 属性数据库内容及资料来源

根据镇江新区耕地质量评价的需要，确定属性数据库的内容，其内容及来源见表 2-17。

表 2-17 属性数据库内容及资料来源

编号	内容名称	来源
1	市、镇、村行政编码表	镇江新区统计局
2	市、镇、村农业、农村基本情况统计表	镇江新区统计局
3	土地利用现状属性数据库	镇江新区自然资源与规划局
4	基本农田保护块登记表	镇江新区自然资源与规划局
5	基本农田保护区基本情况统计表	镇江新区自然资源与规划局
6	农田水利综合分区统计表	镇江新区水利局
7	土壤名称及土种属性编码表	镇江新区农业农村局
8	土普农化样点数据库	镇江新区农业农村局
9	地貌类型属性表	镇江新区农业农村局
10	土壤、水样采样、分析结果数据表	镇江新区农业农村局
11	农户农业生产情况调查表	镇江新区农业农村局
12	各村农作物调查情况表	镇江新区农业农村局

4. 数据的审核、录入及处理

数据录入前应仔细审核，数值型资料应注意量纲、上下限；地名应注意汉字多音字、繁简体、简全称等问题，审核定稿后再录入。录入后还应仔细检查，保证数据录入无误后，将数据库转为规定的格式（Dbase 的 dbf 格式文件），再根据数据字典中的文件名编码命名后保存在规定的子目录下。

三、空间数据库建立

空间数据按结构不同又可划分为矢量结构和栅格结构，两类结构都可以用来描述地理实体的点、线、面三种基本类型。在矢量结构中，空间实体与要表达的现实世界空间实体一一对应，每一个实体的位置使用它们在坐标参考系统中的空间位置即坐标来定义。在栅格结构中，空间被规则地划分为栅格（通常为正方形），栅格的值代表了这个位置上的物体的类型或状态。但栅格与真实世界的实体没有直接的对应关系。

建立空间数据库，首先要获取基础空间数据。获取的方法有多种，包括扫描输入、图件数字化、以几何坐标输入数据、转换数据格式、属性录入等。

1. 空间数据清单及处理方法

在县域耕地资源管理信息系统中，空间数据主要包括土地利用现状图、土壤图、行政区划图、地貌类型分区图、土壤母质分布图、灌溉分区图、排水分区图等基础数据，以及根据这些基础数据生成的各类等值线图、分区图、栅格图等。空间数据清单及处理方法详见表 2-18。

表 2-18　空间数据清单及处理方法

图层名称	图斑类型	资料来源	处理方法
辖区边界图	面	行政区划图	提取
装饰边界图	面	辖区边界	缓冲分析
行政区划图	面	电子图	定义坐标—属性录入
行政界线图	线	行政区划图	图斑格式转换—界线类型处理—属性录入
县乡村位置图	点	行政区划图	数字化—定义坐标—属性录入
乡镇区划图	面	电子图	从行政区划图提取
土壤图	面	土壤图纸图	扫描—校正底图—数字化—拼接—定义投影、坐标—修改边界—属性录入

续表

图层名称	图斑类型	资料来源	处理方法
耕地资源管理单元图	面	土壤图+行政区划图+土地利用现状图	叠加求交合并小多边形—计算面积—整理属性
土地利用现状图	面	电子图	图斑格式转换—定义坐标—拓扑检查—修改边界—整理属性
农用地地块图	面	土地利用现状图	从土地利用现状图提取
非农用地地块图	面	土地利用现状图	从土地利用现状图提取
耕地质量调查点点位图	点	GPS 数据表	经纬度转换生成—定义坐标—整理属性
耕层土壤 pH 值等值线图	线	耕地质量调查点点位图	点位插值—转栅格图—整理属性
耕层土壤有效磷等值线图	线	耕地质量调查点点位图	点位插值—转栅格图—整理属性
耕层土壤有机质等值线图	线	耕地质量调查点点位图	点位插值—转栅格图—整理属性
耕层土壤全氮等值线图	线	耕地质量调查点点位图	点位插值—转栅格图—整理属性
耕层土壤速效钾等值线图	线	耕地质量调查点点位图	点位插值—转栅格图—整理属性
道路图	线	土地利用现状图	定义坐标—属性录入
排水分区图	面	纸质图	扫描—校正底图—数字化—拼接—定义投影、坐标—修改边界—属性录入
灌溉分区图	面	纸质图	扫描—校正底图—数字化—拼接—定义投影、坐标—修改边界—属性录入
地貌类型分区图	面	纸质图	扫描—校正底图—数字化—拼接—定义投影、坐标—修改边界—属性录入
居民及工矿用地图	面	土地利用现状图	定义坐标—属性录入
面状水系图	面	土地利用现状图	定义坐标—属性录入

2. 耕地资源管理单元图处理技术流程

耕地资源管理单元图处理技术流程如图 2-3 所示。

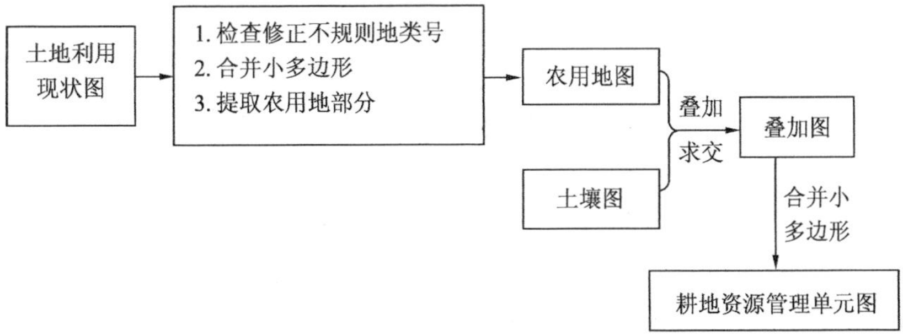

图 2-3 耕地资源管理单元图处理技术流程

3. 主要技术规范

（1）制作管理单元图时，小于 5 000 m^2 的单元都被合并到相邻最大面积的多边形里。

（2）点位插值调用了 ArcInfo 系统插值模块中的相关工具，采用的是 Kriging 插值方法。

四、系统整合

系统整合主要分为 4 个步骤：一是创建“新区工作空间”；二是导入空间数据，建立空间数据库；三是导入外部数据，建立外部数据库；四是建构工作空间结构。工作空间结构具体内容见表 2-19。

表 2-19　工作空间结构

存储单位名称	存储单位类型	存储内容	备注
VectorFile	文件夹	矢量图层	
DataTable	文件夹	系统中的表格	
OriginalDB	Access 文件	属性数据表格	和相关矢量图层对应
ProgenyDB	Access 文件	系统生成的表格	常见的为评价结果表、施肥推荐表
RasterFile	文件夹	栅格图层	
Conserve	文件夹	用作导航图的某个矢量图层	常用于行政区划图
MultiMediafile	文件夹	多媒体文件	
NavigationLayer	文件夹	用作导航图的某个矢量图层	常用于行政区划图
WorkSpaceInfo	Access 文件	工作空间相关属性	
县级参数库	Access 文件	肥料效应函数库、肥料运筹知识库、化肥品种特征表、基础质量产量比例及养分校正系数表、土壤养分丰缺指标及肥料施用标准表、作物品种特征表	
AHP	文件夹	层次分析模型	
SUJ	文件夹	隶属函数分析模型	

五、资料汇总和图件编制

1. 资料汇总

资料汇总包括收集资料及对野外调查表格的整理和汇总。野外调查表格内容包括大田采样点基本情况调查表、大田采样点农户调查表、蔬菜地采样点基本情况调查表、蔬菜地采样点农户调查表和污染基本情况调查表等。经整理后，将相关信息录入系统。

2. 图件编制

（1）耕地质量评价等级图。利用 AcrMap 软件对每一个评价单元进行综合评价，得出评价值，将评价结果分等定级，最后形成耕地质量等级图。

（2）耕地土壤养分含量图。耕地土壤养分含量图包括 pH 值图、有机质含量图、全氮含量图、有效磷含量图、速效钾含量图、缓效钾含量图等。利用统计分析模块，通过空间插值方法分别生成养分图层，按照第二次土壤普查养分分级标准进行划分，生成不同等级的养分图。

（3）样点分布图。将 GPS 定位仪测定数据输入计算机，经过转换生成样点分布图。

第三章

土壤分布特征

耕地土壤是地形、母质、自然气候、生物植被、水文地质、人类活动各大成土因素经上百年或更长时间共同作用下的产物，是人类最基本的生产资料。耕地土壤的理化性质、土壤肥力、生产性能等都是气候、地形、母质、种植作物和人类耕作施肥等成土因素的具体反映。耕地土壤的立地条件（成土因素）直接影响土壤的形成过程、成土速度和土壤形态特征，决定土壤的各种理化性状。所以，只有认真分析各种立地条件与耕地土壤之间的关系，才能揭示耕地土壤的主要矛盾、限制因素、低产原因，进行土壤培肥和中低产田改造，更好地服务于农业生产。

第一节 土壤分类的原则和依据

土壤是在各种自然因素和人为活动的综合影响下发育而成的。各个因素本身的差异性与综合利用的方式、强度不一，形成了不同类型的土壤和土壤分布。土壤分类应该反映土壤本身发生、发展的规律和熟化程度，因此自然环境条件、成土过程及其属性等应作为土壤发生分类的综合依据。

1. 土壤分类原则

在进行土壤分类时，主要遵循以下原则：

（1）*土壤发生学原则*。将成土因素、成土过程和土壤属性三者结合进行土壤分类。土壤作为一种经常变化的自然客体，同其他自然体一样，相互之间既有发生和发展上的联系，也有各自属性上较固定的存在形式，按照不同类型土壤间内在的关联及属性上质和量的差异，归纳整理出一个能够比较客观地反映其发生、发展的规律性的系统。这些土壤发生、发展上的差异，通过土壤普查也是可以观察、量度和分析整理出来的。根据土壤发生学原则进行分类，既能确保客观性，避免主观性，还有实际应用价值。

（2）*参考人为因素*。新区的土壤中很难找到纯自然体的土壤，土壤的发生和发展受自然因素和人为因素的共同影响，参考人为因素进行土壤分类，主要用于鉴别土壤个体质量上的差异。

（3）*参考群众意见*。在整个土壤分类过程中，除了根据土壤发生学分类原则和参考人为因素进行土壤分类外，还需要通过大量的资料整理，把错综复杂的土壤个体差异区分开来。把同类土壤的不同级别，一环扣一环地加以细心划分并归纳，力求做到分类系统化。将土壤分类工作与群众意见紧密结合，对群众平时称呼的名称应考虑相互取长补短。

2. 各级分类单元的划分原则和依据

根据全国第二次土壤普查规范要求，采用土类、亚类、土属、土种和变种五级分类制度。

（1）土类。土类是高级分类单元，是在一定的综合自然条件和人为因素作用下，经过一个主导的（或几个相结合的）成土过程，而产生的具有独特的剖面形态及相应的发生层段的土壤类型。不同土类由于成土过程和发育特点不同，所形成的土壤属性、生产性能及改良利用有本质的不同。新区土壤分属于四个土类：

① 水稻土类。经过长期水稻栽培、水田淹灌、水旱轮作、干湿交替和较强的还原淋溶与氧化淀积过程而形成。

② 黄棕壤类。发育于酸性岩石风化物构成的低山及下蜀黄土阶地上。

③ 石灰岩土类。发育于石灰岩风化残积物上。

④ 潮土类。发育于长江冲积物母质上，经过长期旱耕熟化过程而形成。

（2）亚类。亚类是同一土类的不同发育分段，有的是在主要的成土过程中产生了附加的或次要的成土过程而形成的土类间过渡类型。新区水稻土面积大，土种繁多，水分类型是决定其土体发生层次构型和生产性能的主导因素。根据地下水位的高低和剖面形态特征，土壤划分为五个亚类：

① 地下水较高、土壤干湿交替过程明显，在犁底层以下，胶膜和铁锰物质发育较强，淀积层明显，形成具有 A-P-W-Bg 构型的土壤，划属潴育型水稻土。

② 渗育层发育稍差，胶膜和铁锰物质发育较弱，此层以下没有淀积层，形成 A-P-W-C 构型的土壤，划属渗育型水稻土。

③ 有水分侧向运动或垂直淋洗运动，引起土体内黏粒和铁锰物质漂洗严重，在犁底层以下形成白土层，土体构型为 A-P-E-W 型的土壤，划属漂洗型水稻土。

④ 主要由水分侧向运动漂洗不严重、未能形成白土层，表土层中黏粒含量下降，粉砂含量高、易淀浆板结，土体构型为 A-P-W-C 的土壤，划属侧渗型水稻土。

⑤ 少数丘陵岗地引水灌溉种稻，土壤不受地下水影响，仅受灌溉水的影响形成的 A-P-C 或 A-C 构型的土壤，划属淹育型水稻土。

（3）土属。土属是分类系统中具有承上启下作用的分类单元，它既是亚类的续分，又是土种共性的归纳。主要根据成土母质类型、土壤属性和水文地质条件及其质地类型等地方性因素划分。例如，在潴育型水稻土中，由于农业地貌不同，成土母质与水分有一定的差异，可分为丘陵冲田和洮滆平原。丘陵冲田，发育于下蜀系黄土母质的马肝土属；洮滆平原，发育于冲积湖积母质的黄泥土属等。

(4) 土种。土种是基层分类的基本单元，同一土种具有类似的土体结构（主要是1 m以内的土层，着重观察 70 cm 以内的土体构型）。一个土种的性状和土体构型是土壤长期发育的结果，非一般农业措施在短期内所能改变，具有一定的稳定性。例如，在马肝土中，渗育层发育良好，核块状结构，有明显的铁锰淀积现象，质地均一，生产性能较好；如果在 80 cm 以下出现乌泥层，则为乌底马肝土。

(5) 变种。变种的命名，一般根据耕层的肥力状况、熟化程度和有机质的多少而定，往往以“颜色”(或比拟) 表示，如马肝土中肥力高、熟化程度高、有机质含量高，有“鳝鱼”斑纹的，称为鳝血马肝土。

第二节 土壤的命名

土类、亚类属高级分类单元。土类采用文献上广泛采用的名称；亚类为了反映与土类发生上的联系，根据水分运动的特点，一般采用连续命名法，即土类名称前面冠以简洁的词汇，表示其成土过程中的特征。例如，水稻土中的潴育型水稻土、渗育型水稻土等。土属的命名是在该土属的各土种中选择一个分布最广、面积最大的作为该土属的名称，如马肝土属、黄泥土属等。土种的命名地方性很强，尽量采用群众的命名。在吸取群众的形象命名时，要有明确的概念，并经过评比鉴定和提炼归纳，以克服同土异名或异土同名的状况。如发育在孤丘或塝田上的土壤，易淀浆板结的称小粉土。在土壤剖面中有其他层次夹层时，在 60 cm 以下的命名为“底”。如在 60 cm 以下出现细沙层的黄沙土称沙底黄沙土，在 80 cm 以下出现乌泥层的黄泥土称乌底黄泥土。对于剖面中夹有特殊层次的，如在犁底层下出现 10 cm 左右白土层的土称白土。

第三节 土壤类型

镇江新区土壤共分为 3 个土类、7 个亚类、7 个土属、15 个土种。3 个土类分别为黄棕壤、石灰岩土、水稻土，7 个亚类分别为黄棕壤、黏盘黄棕壤、石灰岩土、淹育型水稻土、侧渗型水稻土、潴育型水稻土、渗育型水稻土，7 个土属分别为粗骨土、黄刚土、棕色石灰土、黄白土、小粉土、马肝土、夹沙土，15 个土种分别为粗骨土、死黄土、耕作黄土、薄层棕色石灰土、棕色石灰土、黄白土、黄土、小粉土、黄马肝土、马肝土、乌底马肝土、黄沙土、沙底黄沙土、夹沙土、漏沙土。其中，黄沙土分布面积最大，占所有土种的 39.27%，马肝土（占比 19.95%）、沙底黄沙土（占比 12.97%）和夹沙土（占比 10.58%）分布面积占比均超过 10%。黄沙土、马肝土、沙底黄沙土和夹沙土合计占比面积为 82.77%。镇江新区各土种分布面积见表 3-1。

表 3-1 镇江新区土壤类型面积分布

土种	面积/hm^2	土种	面积/hm^2
粗骨土	8.92	黄马肝土	97.24
死黄土	279.90	马肝土	1 693.16
耕作黄土	389.13	乌底马肝土	36.55
薄层棕色石灰土	0.74	黄沙土	3 333.64
棕色石灰土	5.78	沙底黄沙土	1 100.68
黄白土	429.18	夹沙土	897.93
黄土	187.29	漏沙土	0.05
小粉土	28.67	合计	8 488.86

第四节 土壤剖面构型

土壤剖面构型是指在土壤形成过程中，由于发生物质的转化、富集、迁移、淋失、淀积等，土体逐渐分化出与成土母质明显不同的土层，即土壤发生层。它们在土壤剖面上的组合就是土体构型。镇江新区土壤现有 7 个亚类、7 个土属、15 个土种，按照亚类划分主要剖面构型见表 3-2。

表 3-2 镇江新区土壤类型剖面构型

土壤类型		剖面构型
黄棕壤	黄棕壤	A-C
	黏盘黄棕壤	A-B-C
石灰岩土	石灰岩土	A-B-C
		A-C
水稻土	淹育型水稻土	A-P-C
	侧渗型水稻土	A-P-W-C
	潴育型水稻土	A-P-W-Bg
		A-P-W-Bg-Dm
		A-P-W-C
	渗育型水稻土	A-P-W-C
		A-P-W-S
		A-P-W-C

第五节 障碍层次

镇江新区 15 个土种中有 7 个土种有障碍层，障碍层有两种类型：黏盘层和白土层。黏盘层分布于丘陵岗地，下蜀黄土母质发育的黄岗土属，30 cm 以上的发育为耕作黄土，30 cm 以下的发育为死黄土，土色黄棕色；石灰岩土类发育的棕色石灰土属，在 30 cm左右都出现黏盘层。白土层主要存在于丘陵坡地的土壤中，由于受长期的侧向漂洗冲刷，有机质等被冲洗，土壤颜色逐渐退淡、泛白。障碍层土壤养分含量低，农作物产量不高，品质较差。镇江新区主要土壤障碍层类型及位置见表 3-3。

表 3-3　镇江新区主要土壤障碍层类型及位置

土属	土种	障碍层类型	障碍层出现位置
黄刚土	耕作黄土	黏盘层	30～40 cm
	死黄土	黏盘层	20～30 cm
黄白土	黄白土	白土层	20～30 cm
	黄土	白土层	20～30 cm
粗骨土	粗骨土	白土层	20～30 cm
棕色石灰土	薄层棕色石灰土	黏盘层	20～30 cm
	棕色石灰土	黏盘层	30～40 cm

第四章

耕地土壤属性

4

第一节 土壤物理属性

一、土壤质地

土壤质地是土壤物理特性的一个综合指标，是土壤重要的物理特性之一。不同土壤质地对土壤肥力的高低、耕性的好坏、生产性能的优劣具有很大的影响。采用卡庆斯基质地分类标准进行耕地土壤质地分类，粒径大于 0.01 mm 为物理性砂粒，小于 0.01 mm 为物理性黏粒；按照其砂、黏粒含量比例主要分为砂土、砂壤、轻壤、中壤、重壤、黏土 6 种类型。土壤质地与土壤母质有关，母质来源不同，则质地有差异，对生产性能亦有影响。生产实践表明，壤质土壤的物理性能良好，因其黏粒、粉粒和砂粒的配合比例适宜，能较好地满足作物对空气、水分的需要。砂质土壤的颗粒大，排水和通气性好，但保水保肥能力差。黏土的物理性质与砂土相反，保水保肥能力较强，但通气性和透水性能较差。根据第二次全国土壤普查资料，新区 120 个耕层土样的测定结果如图 4-1 所示，轻黏土占 2.9%，重壤土占 12.8%，中壤土占 75.4%，轻壤土占 8.9%。丘陵和沿江生产区土壤剖面发生层次的质地大都是中壤土，平原地区除白土层外大部分是重壤土，上下均一。镇江新区各类土壤母质、质地及分布情况见表 4-1。

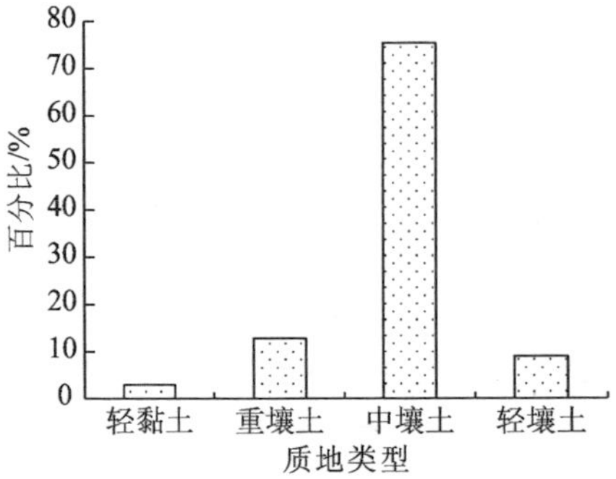

图 4-1 新区不同质地的土壤所占比重

表 4-1 镇江新区各类土壤母质、质地及分布

母质名称	质地	面积/hm²	分布范围
近代冲积物	中壤－重壤	5 024.39	姚桥、大路、大港街道办
残积物	中壤－轻黏	11.60	大港街道办
冲积黄土	中壤－重壤	3 434.15	丁岗、大路、大港、姚桥
风积黄土	中壤－重壤	9.29	丁岗

二、土壤容重

土壤容重是指单位容积土体（包括孔隙在内的原状土）的干重，可综合反映土壤颗粒和孔隙状况，是衡量土壤肥力的重要指标之一。土壤容重主要影响植物根系生长和生物量的累积，对于大多数植物而言，土壤容重在 1.14～1.26 g/cm^3 比较适宜，有利于幼苗的出土和根系的正常生长。

第二次全国土壤普查测定显示：镇江新区耕作层平均土壤容重为 1.31 g/cm^3，变幅在 1.23～1.41 g/cm^3，耕作层大多表现为容重大、结构差、耕性劣、水气不协调。

2017 年新区 38 个耕地质量等级变更调查点测定显示：镇江新区耕作层平均土壤容重为1.09 g/cm^3，变幅在 0.88～1.25 g/cm^3，变异系数为 7.95%，大部分土壤都处在比较适宜或略松的范围内。

相较第二次全国土壤普查，2017 年新区土壤耕层容重有明显下降，平均下降 0.22 g/cm^3，更有利于多数作物的生长发育。

第二节 土壤养分与化学属性

一、土壤有机质

土壤有机质泛指土壤中来源于生命的物质，包括土壤微生物、土壤动物及其分泌物，以及土体中的植物残体和植物分泌物。土壤有机质对土壤肥力有极其重要的作用，是土壤养分的主要来源。土壤有机质能够促进土壤结构形成，改善土壤物理性质；可以提高土壤的保肥能力和缓冲性能；其腐殖质不仅具有生理活性，能促进作物生长发育，还具有络合作用，有助于消除土壤的污染。因此，土壤有机质是评价耕地地力的重要指标之一。

1. 镇江新区耕地土壤有机质含量变化特征

2015—2019 年，镇江新区耕地土壤有机质含量呈上升趋势。由图 4-2 可知，2015 年镇江新区土壤有机质含量为 10.00～45.21 g/kg，平均为 20.68 g/kg；2019 年镇江新区土壤有机质含量为 6.96～64.00 g/kg，平均为 30.79 g/kg。2019 年镇江新区耕地土壤平均有机质含量比 2015 年增加了 10.11 g/kg，推广秸秆全量还田和农民重视耕地质量提升是导致土壤有机质含量提升的主要原因。

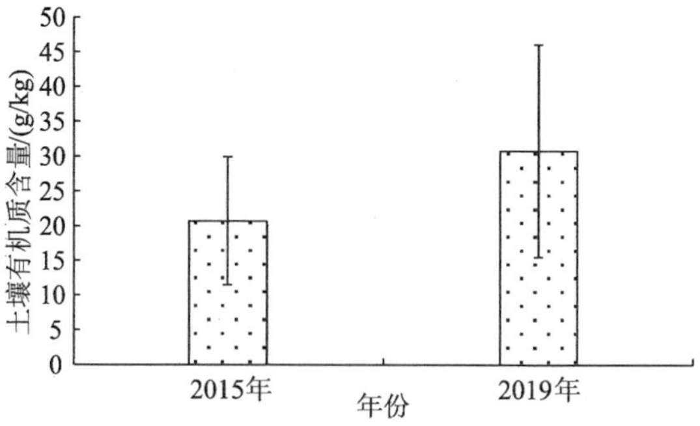

图 4-2　新区 2015 年与 2019 年耕地土壤有机质含量特征

2. 镇江新区土壤有机质含量分级

镇江新区地形地貌复杂，土种繁多，土壤养分含量差异较大。按照第二次全国土壤普查的养分划分标准对耕层土壤有机质含量进行分析统计，结果表明，2015 年镇江新区耕地土壤有机质含量以四级占比最高，占 56%；一级次之，占 20%；三级和二级分别为 16%和 8%；无五级标准的土壤。2019 年镇江新区耕地土壤有机质含量以一级占比最高，占 44.28%；四级次之，占 31.43%；二级和三级分别为 12.86%和 8.57%；五级占比较少，为 2.86%。具体见表 4-2。

表 4-2　镇江新区土壤有机质含量分级

等级	含量/(g/kg)	2015 年		2019 年	
		百分比/%	平均含量/(g/kg)	百分比/%	平均含量/(g/kg)
一级	≥30	20	36.19	44.28	45.66
二级	25～30	8	27.14	12.86	27.83
三级	20～25	16	21.87	8.57	23.48
四级	10～20	56	13.88	31.43	15.17
五级	<10	0	–	2.86	7.34

对比 2015 年和 2019 年新区土壤有机质含量分级统计结果发现，新区土壤有机质含量达一级标准和二级标准的比例增加较大，高等级有机质含量的土壤占比大幅度提高。

3. 镇江新区各乡镇土壤有机质含量

2015—2019 年，镇江新区各乡镇土壤有机质含量变化特征各不相同。由表 4-3 可知，2015 年丁岗镇土壤有机质含量为 10.53～28.19 g/kg，平均值为 17.74 g/kg；2019 年丁岗镇土壤有机质含量为 6.96～34.2 g/kg，平均值为 17.41 g/kg，4 年间土壤有机质平均含量降低了 0.33 g/kg。2015 年大路镇土壤有机质含量为 11.32～45.21 g/kg，平均值为 27.39 g/kg；2019 年大路镇土壤有机质含量为 10.8～48.2 g/kg，平均值为 28.94 g/kg，4 年间土壤有机质平均含量增加了 1.55 g/kg。2015 年姚桥镇土壤有机质含量为 10.00～35.07 g/kg，平均值为 17.86 g/kg；2019 年姚桥镇土壤有机质含量为 7.71～64.00 g/kg，平均值为 35.64 g/kg，4 年间土壤有机质平均含量增加了 17.78 g/kg。2015—2019 年，丁岗镇和大路镇耕地土壤有机质含量变化幅度不大，姚桥镇耕地土壤有机质含量大幅上升，农户种植习惯和土壤基本条件可能是导致不同乡镇耕地土壤有机质含量变化差异较大的主要原因。

表 4-3 镇江新区各乡镇土壤有机质含量

乡镇	2015 年		2019 年	
	含量/(g/kg)	平均含量/(g/kg)	含量/(g/kg)	平均含量/(g/kg)
丁岗镇	10.53～28.19	17.74	6.96～34.20	17.41
大路镇	11.32～45.21	27.39	10.80～48.20	28.94
姚桥镇	10.00～35.07	17.86	7.71～64.00	35.64

二、土壤全氮

1. 镇江新区耕地土壤全氮含量变化特征

2015—2019 年，镇江新区耕地土壤全氮含量呈上升趋势。由图 4-3 可知，2015 年镇江新区耕地土壤全氮含量为 0.58～2.7 g/kg，平均值为 1.34 g/kg；2019 年镇江新区耕地土壤全氮含量为 0.51～3.89 g/kg，平均值为 1.97 g/kg。2019 年镇江新区耕地土壤平均全氮含量比 2015 年增加了 0.63 g/kg。全氮含量的提高，主要原因可能是农民合理施肥意识提高，以及农业生产过程中增施有机肥料、还田的秸秆完全腐烂降解。

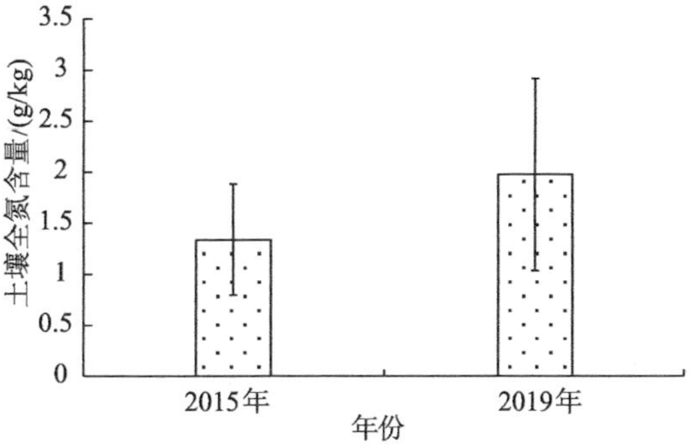

图 4-3 新区 2015 年与 2019 年耕地土壤全氮含量特征

2. 镇江新区土壤全氮含量分级

按照第二次全国土壤普查的养分划分标准对耕层土壤全氮含量进行分析统计，结果表明，2015年镇江新区耕地土壤全氮含量以一级占比最高，占32%；四级次之，占30%；三级和二级分别为28%和10%；无五级标准的土壤。2019年镇江新区耕地土壤全氮含量以一级占比最高，占58.58%；三级和四级次之，占15.71%；二级占比较少，占10%；无五级标准的土壤。对比2015年和2019年镇江新区土壤全氮含量分级统计结果发现，镇江新区土壤全氮含量达一级标准的比例增加较大，高等级全氮含量的土壤占比大幅度提高。具体见表4-4。

表4-4 镇江新区土壤全氮含量分级

等级	含量/(g/kg)	2015年		2019年	
		百分比/%	平均含量/(g/kg)	百分比/%	平均含量/(g/kg)
一级	≥1.50	32	2.02	58.58	2.63
二级	1.25～1.50	10	1.35	10.00	1.35
三级	1.00～1.25	28	1.08	15.71	1.11
四级	0.50～1.00	30	0.85	15.71	0.81
五级	<1.00	–	–	–	–

3. 镇江新区各乡镇土壤全氮含量

2015—2019年，镇江新区各乡镇土壤全氮含量变化特征各不相同。由表4-5可知，2015年丁岗镇土壤全氮含量在0.84～1.74 g/kg范围内波动，平均值为1.17 g/kg；2019年丁岗镇土壤全氮含量在0.51～1.86 g/kg范围内波动，平均值为1.07 g/kg，4年间土壤全氮平均含量降低了0.10 g/kg。2015年大路镇土壤全氮含量在0.83～2.70 g/kg范围内波动，平均值为1.75 g/kg；2019年大路镇土壤全氮含量在1.78～3.14 g/kg范围内波动，平均值为1.86 g/kg，4年间土壤全氮平均含量增加了0.11 g/kg。2015年姚桥镇土壤全氮含量在0.58～2.27 g/kg范围内波动，平均值为1.16 g/kg；2019年姚桥镇土壤全氮含量在0.62～3.89 g/kg范围内波动，平均值为2.30 g/kg，4年间土壤全氮平均含量增加了1.14 g/kg。2015—2019年，丁岗镇和大路镇耕地土壤全氮含量变化幅度不大，姚桥镇耕地土壤全氮含量大幅上升，农户种植习惯和土壤基本条件可能是导致不同乡镇耕地土壤全氮含量差异较大的主要原因。

表 4-5 镇江新区各乡镇土壤全氮含量

乡镇	2015 年		2019 年	
	含量/(g/kg)	平均含量/(g/kg)	含量/(g/kg)	平均含量/(g/kg)
丁岗镇	0.84～1.74	1.17	0.51～1.86	1.07
大路镇	0.83～2.70	1.75	1.78～3.14	1.86
姚桥镇	0.58～2.27	1.16	0.62～3.89	2.30

三、土壤有效磷

1. 镇江新区耕地土壤有效磷含量变化特征

2015—2019 年，镇江新区耕地土壤有效磷含量呈上升趋势。由图 4-4 可知，2015 年镇江新区耕地土壤有效磷含量为 3.6～68.5 mg/kg，平均值为 22.80 mg/kg；2019 年镇江新区耕地土壤有效磷含量为 3.0～93.9 mg/kg，平均值为 26.51 mg/kg。2019 年镇江新区耕地土壤有效磷含量比 2015 年增加了 3.71 mg/kg，推广秸秆全量还田和农民重视耕地质量提升是土壤有效磷含量提升的主要原因。

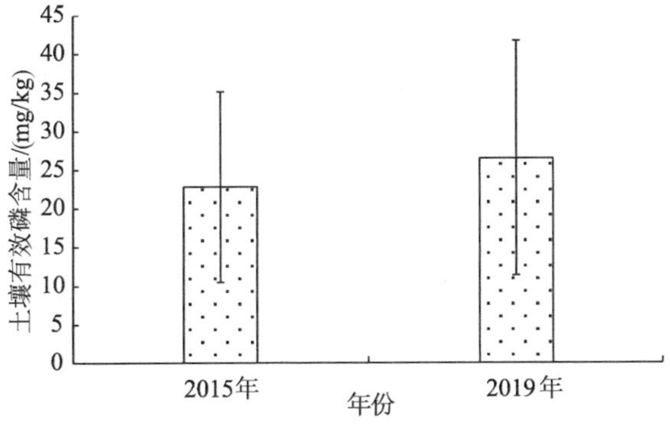

图 4-4 镇江新区 2015 年与 2019 年耕地土壤有效磷含量特征

2. 镇江新区土壤有效磷含量分级

按照第二次全国土壤普查的养分划分标准对耕层土壤有效磷含量进行分析统计，结果表明，2015 年镇江新区耕地土壤有效磷含量以一级占比最高，占 72%；二级次之，占 18%；三级和四级分别为 8%和 2%；无五级标准的土壤。2019 年镇江新区耕地土壤有效磷含量以一级占比最高，占 80.00%；二级次之，占 12.90%；三级和四级分别为 5.70%和 1.40%；无五级标准的土壤。对比 2015 年和 2019 年镇江新区土壤有效磷含量分级统计结果发现，镇江新区土壤有效磷含量达一级标准的比例增加较大，高等级有效磷含量的土壤占比大幅度提高。具体见表 4-6。

表 4-6 镇江新区土壤有效磷含量分级

等级	含量/(mg/kg)	2015 年		2019 年	
		百分比/%	平均含量/(mg/kg)	百分比/%	平均含量/(mg/kg)
一级	≥15	72	27.64	80.00	30.89
二级	10～15	18	12.23	12.90	12.73
三级	5～10	8	7.80	5.70	7.59
四级	3～5	2	3.60	1.40	3.45
五级	<3	–	–	–	–

3. 镇江新区各乡镇土壤有效磷含量

2015—2019 年，镇江新区各乡镇土壤有效磷含量变化特征各不相同。由表 4-7 可知，2015 年丁岗镇土壤有效磷含量在 12.4～68.5 mg/kg 范围内波动，平均值为 27.01 mg/kg；2019 年丁岗镇土壤有效磷含量在 3.00～37.40 mg/kg 范围内波动，平均值为 17.77 mg/kg，4 年间土壤有效磷平均含量降低了 9.24 mg/kg。2015 年大路镇土壤有效磷含量在 10.6～48.40 mg/kg 范围内波动，平均值为 28.62 mg/kg；2019 年大路镇土壤有效磷含量在 9.89～67.70 mg/kg 范围内波动，平均值为 25.40 mg/kg，4 年间土壤有效磷平均含量降低了 3.22 mg/kg。2015 年姚桥镇土壤有效磷含量在 3.6～33.2 mg/kg 范围内波动，平均值为 15.28 mg/kg；2019 年姚桥镇土壤有效磷含量在 8.27～93.9 mg/kg 范围内波动，平均值为 29.63 mg/kg，4 年间土壤有效磷平均含量增加了 14.35 mg/kg。2015—2019 年，丁岗镇和大路镇耕地土壤有效磷含量变化幅度不大，姚桥镇耕地土壤有效磷含量大幅上升，农户种植习惯和土壤基本条件可能是导致不同乡镇耕地土壤有效磷含量差异较大的主要原因。

表 4-7 镇江新区各乡镇土壤有效磷含量

乡镇	2015 年		2019 年	
	含量/(mg/kg)	平均含量/(mg/kg)	含量/(mg/kg)	平均含量/(mg/kg)
丁岗镇	12.4～68.5	27.01	3.00～37.40	17.77
大路镇	10.6～48.4	28.62	9.89～67.70	25.40
姚桥镇	3.6～33.2	15.28	8.27～93.90	29.63

四、土壤速效钾

1. 镇江新区耕地土壤速效钾含量变化特征

2015—2019 年，镇江新区耕地土壤速效钾含量呈上升趋势。由图 4-5 可知，2015 年镇江新区土壤速效钾含量为57～212 mg/kg，平均值为96.42 mg/kg；2019年镇江新区土壤速效钾含量为47～202 mg/kg，平均值为103.09 mg/kg。2019年镇江新区耕地土壤速效钾含量比2015年增加了6.67 mg/kg，推广秸秆全量还田和农民重视耕地质量提升是土壤速效钾含量提升的主要原因。

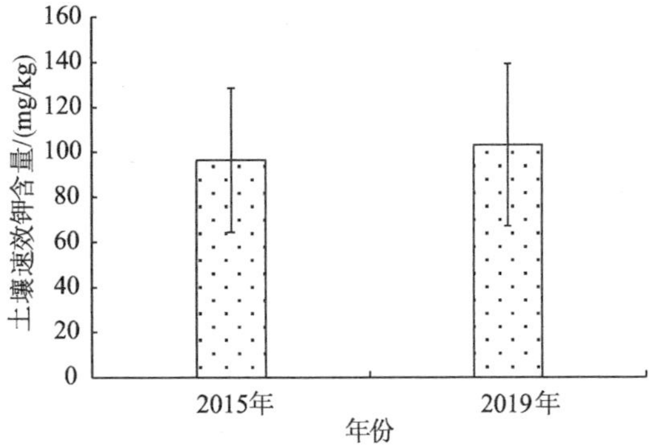

图4-5 镇江新区2015年与2019年耕地土壤速效钾含量特征

2. 镇江新区土壤速效钾含量分级

按照第二次全国土壤普查的养分划分标准对耕层土壤速效钾含量进行分析统计，结果表明，2015年镇江新区耕地土壤速效钾含量以三级和四级占比最高，占33.33%；二级次之，占27.10%；一级占比较少，占6.24%；无五级标准的土壤。2019年镇江新区耕地土壤速效钾含量以二级占比最高，占31.82%；四级次之，占30.30%；三级和一级分别为19.70%和10.60%；五级占比较少，占比7.58%。对比2015年和2019年镇江新区土壤速效钾含量分级统计结果发现，新区土壤速效钾含量达一级标准和二级标准的比例增加明显，高等级速效钾含量的土壤占比大幅度提高。具体见表4-8。

表4-8 新区土壤速效钾含量分级

等级	含量/(mg/kg)	2015年		2019年	
		百分比/%	平均含量/(mg/kg)	百分比/%	平均含量/(mg/kg)
一级	≥150	6.24	197	10.60	174.29
二级	100～150	27.10	116	31.82	123.11
三级	80～100	33.33	89.31	19.70	91.46
四级	50～80	33.33	69.56	30.30	65.40
五级	<50	—	—	7.58	47.50

3. 镇江新区各乡镇土壤速效钾含量

2015—2019 年，镇江新区各乡镇土壤速效钾含量变化特征各不相同。由表 4-9 可知，2015 年丁岗镇土壤速效钾含量在 70～212 mg/kg 范围内波动，平均值为 114.07 mg/kg；2019 年丁岗镇土壤速效钾含量在 70～202 mg/kg 范围内波动，平均值为 112.83 mg/kg，4 年间土壤速效钾平均含量降低了 1.24 mg/kg。2015 年大路镇土壤速效钾含量在63～137 mg/kg范围内波动，平均值为 90.33 mg/kg；2019 年大路镇土壤速效钾含量在48～147 mg/kg范围内波动，平均值为 81.33 mg/kg，4 年间土壤速效钾平均含量降低了 9 mg/kg。2015 年姚桥镇土壤速效钾含量在 57～204 mg/kg 范围内波动，平均值为 87.75 mg/kg；2019 年姚桥镇土壤速效钾含量在 47～192 mg/kg 范围内波动，平均值为 109.95 mg/kg，4 年间土壤速效钾平均含量增加了 22.2 mg/kg。2015—2019 年，丁岗镇和大路镇耕地土壤速效钾含量变化幅度不大，姚桥镇耕地土壤速效钾含量大幅上升，农户种植习惯和土壤基本条件可能是不同乡镇耕地土壤速效钾含量差异较大的主要原因。

表 4-9　镇江新区各乡镇土壤速效钾含量

乡镇	2015 年		2019 年	
	含量/(mg/kg)	平均含量/(mg/kg)	含量/(mg/kg)	平均含量/(mg/kg)
丁岗镇	70～212	114.07	70～202	112.83
大路镇	63～137	90.33	48～147	81.33
姚桥镇	57～204	87.75	47～192	109.95

五、土壤酸碱度

1. 镇江新区耕地土壤酸碱度（pH 值）变化特征

土壤酸碱度是土壤重要的基本性质之一，也是影响土壤肥力的因素之一。2015—

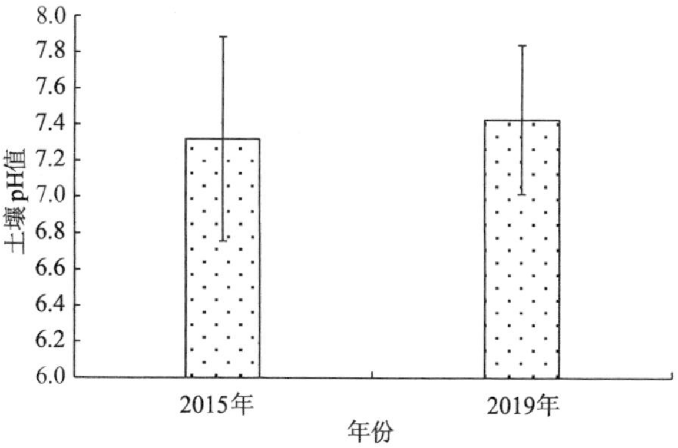

图 4-6　镇江新区 2015 年与 2019 年耕地土壤 pH 值特征

2019 年，镇江新区土壤总体上呈弱碱性。由图 4-6 可知，2015 年镇江新区土壤 pH 值为 5.46～7.89，平均值为 7.32；2019 年新区土壤 pH 值为 7.5～8.0，平均值为 7.5。2019 年新区耕地土壤平均 pH 值上升了 0.18，这可能与当地气候变化及降雨有关。

2. 镇江新区各乡镇土壤 pH 值

2015—2019 年，镇江新区各乡镇土壤 pH 值变化特征各不相同。由表 4-10 可知，2015 年丁岗镇土壤 pH 值在 6.11～7.67 范围内波动，平均值为 6.74；2019 年丁岗镇土壤 pH 值在 5.9～7.7 范围内波动，平均值为 6.78，4 年间土壤 pH 平均值上升了 0.04。2015 年大路镇土壤 pH 值在 5.46～7.80 范围内波动，平均值为 7.40；2019 年大路镇土壤 pH 值在 6.9～7.9 范围内波动，平均值为 7.52，4 年间土壤 pH 平均值上升了 0.12。2015 年姚桥镇土壤 pH 值在 7.40～7.89 范围内波动，平均值为 7.69；2019 年姚桥镇土壤 pH 值在 7.1～8.0 范围内波动，平均值为 7.58，4 年间土壤 pH 平均值降低了 0.11。总体而言，各镇的土壤酸碱度都维持在中性偏弱碱状态，并且 4 年间并没有大的改变。

表 4-10 镇江新区各乡镇土壤 pH 值

乡镇	2015 年		2019 年	
	pH 值	平均值	pH 值	平均值
丁岗镇	6.11～7.67	6.74	5.9～7.7	6.78
大路镇	5.46～7.80	7.40	6.9～7.9	7.52
姚桥镇	7.40～7.89	7.69	7.1～8.0	7.58

六、土壤中的微量元素

植物的生长发育离不开 16 种化学元素，否则植物就不能正常维持生命，这些元素分为大量元素、中量元素和微量元素。大量元素中的碳（C）、氢（H）、氧（O）可以从大气和水中得到，一般情况下不需要人为补充。氮（N）、磷（P）、钾（K）由于作物的需要量很大，而一般土壤中能够提供的量较少，必须通过施肥补充才能满足作物生长需要，因此称之为肥料三要素。中量元素包括钙（Ca）、镁（Mg）、硫（S）三种，一般土壤中这三种元素含量较为丰富，无需人工补充。还有一类元素叫作微量元素，包括铁（Fe）、铜（Cu）、锰（Mn）、钼（Mo）、锌（Zn）、硼（B）、氯（Cl），植物对它们的需求量非常少。然而尽管需求量少，但由于土壤中这些元素的含量也少，所以有时也需要施肥补充才能满足作物生长的需要。中微量元素大多是植物体内用于促进光合作用、呼吸作用及物质转化作用等的酶或辅酶的组成成分，在植物体内非常活跃。作物缺乏任何一种中微量元素生长发育都会受到抑制，表现出相应的缺素症状，导致减产和品质下降，甚至绝收。因此，必须对作物进行平衡施肥。

钙（Ca）可以减少乙烯的生物合成，增加水果的硬度，使水果可以更好地保存，降低腐烂率，并增加Vc含量。通常，豆类、甜菜、卷心菜等需要更多的钙。缺钙时，植物生长受到阻碍，节间变短，组织变软；植物的顶芽、侧芽、根尖和其他分生组织容易腐烂和死亡，幼叶卷曲和变形，或从叶缘变黄和坏死；水果生长不良。

镁（Mg）可以促进植物的光合作用，促进蛋白质的合成，增加农作物的产量并改善农产品的质量。大田作物中的水稻、花生和芝麻，经济作物中的柑橘、香蕉和菠萝，烟草和蔬菜中的土豆和番茄都是需要更多镁的作物。当镁缺乏时，植株会矮化且生长缓慢。首先在叶脉之间萎黄，而叶子仍保持绿色；然后叶片由浅绿色逐渐变为黄色或白色，并在老叶上出现大小不等的褐色或紫红色斑点，还会出现条纹症状，尤其是在老叶的尖端。

硫（S）可以增加蛋白质含量，改善饲料和谷类作物的品质，增加维生素A含量和油料作物的油含量，同时可以提高各种水果和蔬菜的质量，增强农作物抗氧化、抗寒和抗旱的能力。十字花科、百合科、豆科等作物需要更多的硫，而禾本科植物需要较少的硫。当硫缺乏时，会严重阻碍作物的生长，植株又矮又稀，叶片萎黄或发黄，茎又细又硬，分蘖和分支很少。类似于氮缺乏症状，但是硫缺乏的症状首先出现在幼叶上。

硼（B）可以影响生殖器官发育，影响作物体内细胞的生长和分裂，对开花结实有重要作用。植物缺硼症状：顶端停止生长并逐渐死亡，根系不发达，叶色变绿，叶片肥厚，皱缩，植株矮化，茎及叶柄易开裂，脆而粗，花发育不全，花而不实，蕾花易脱落。

铁（Fe）是细胞色素、血红素、铁氧还蛋白及多种酶的重要组分，在植物体内起传递电子的作用，是叶绿素合成中必不可少的物质。植物缺铁症状：首先表现在幼叶上，表现为脉间失绿，严重时整个幼叶呈黄白色，缺铁常在高pH土壤中发生。

锌（Zn）是多种酶的组分和活化剂，目前已发现80多种含锌酶参与生长素的合成。植物缺锌症状：症状从表组织开始，生长素含量下降，植物生长受阻，节间缩短，叶片扩展受抑制，表现为小叶簇生，称为小叶病或簇叶病。玉米缺锌会出现白条症。

锰（Mn）是叶绿体的成分，可以促进种子发育和幼苗早期生长，对光合作用和蛋白质的形成有重要作用。植物缺锰症状：症状从新叶开始，叶片脉间失绿，叶脉仍为绿色，叶片上出现褐色或灰色斑点，逐渐连成条状，严重时叶色失绿并坏死。

钼（Mo）是作物需求量最少的必需元素。钼是硝酸还原酶、固氮酶的组成成分；是黄嘌呤脱氢酶及脱落酸合成中的某些氧化酶的成分。豆科植物根瘤菌的固氮中特别需要钼，固氮酶是由铁蛋白和铁钼蛋白组成的。植物缺钼症状：新叶畸形，有斑点，散布于叶片上，生长不良，植株矮小。豆科植物缺钼会影响固氮，导致荚粒不饱满。

2019年的检测数据（表4-11）表明：镇江新区耕地土壤有效铁含量平均为97.30 mg/kg，其中丁岗镇为128.40 mg/kg，大路镇为79.50 mg/kg，姚桥镇为96.00 mg/kg。各乡镇中丁岗镇的土壤有效铁含量最高，样点间含量波动最大。

镇江新区耕地土壤有效锰含量平均为24.10 mg/kg，其中丁岗镇为38.00 mg/kg，大路镇为18.20 mg/kg，姚桥镇为22.50 mg/kg。各乡镇中丁岗镇的土壤有效锰含量最高，样点间含量波动最大。

镇江新区耕地土壤有效铜含量平均为5.42 mg/kg，其中丁岗镇为2.95 mg/kg，大路镇为4.83 mg/kg，姚桥镇为6.41 mg/kg。各乡镇中姚桥镇的土壤有效铜含量最高，样点间含量波动最大。

镇江新区耕地土壤有效锌含量平均为1.62 mg/kg，其中丁岗镇为1.18 mg/kg，大路镇为1.51 mg/kg，姚桥镇为1.80 mg/kg。各乡镇中姚桥镇的土壤有效锌含量最高，样点间含量波动最大。

镇江新区耕地土壤有效硼含量平均为1.09 mg/kg，其中丁岗镇为1.03 mg/kg，大路镇为1.04 mg/kg，姚桥镇为1.13 mg/kg。各乡镇中姚桥镇的土壤有效硼含量最高，样点间含量波动最大。

镇江新区耕地土壤有效钼含量平均为0.19 mg/kg，其中丁岗镇为0.19 mg/kg，大路镇为0.17 mg/kg，姚桥镇为0.20 mg/kg。各乡镇中姚桥镇的土壤有效钼含量最高，丁岗镇样点间含量波动最大。

镇江新区耕地土壤有效硫含量平均为68.00 mg/kg，其中丁岗镇为50.60 mg/kg，大路镇为67.70 mg/kg，姚桥镇为73.30 mg/kg。各乡镇中姚桥镇的土壤有效硫含量最高，样点间含量波动最大。

镇江新区耕地土壤有效硅含量平均为201.00 mg/kg，其中丁岗镇为247.80 mg/kg，大路镇为190.30 mg/kg，姚桥镇为191.90 mg/kg。各乡镇中丁岗镇的土壤有效硅含量最高，样点间含量波动最大。

表4-11 镇江新区2019年耕地土壤中微量元素含量 mg/kg

指标	丁岗镇		大路镇		姚桥镇		全区均值
	含量	均值	含量	均值	含量	均值	
有效态铁	44.60～309.00	128.40	36.9～126.0	79.50	34.60～155.00	96.00	97.30
有效态锰	16.90～87.40	38.00	11.6～25.4	18.20	11.60～41.60	22.50	24.10
有效态铜	1.44～4.98	2.95	2.23～7.42	4.83	2.18～14.80	6.41	5.42
有效态锌	0.54～2.23	1.18	0.53～2.61	1.51	0.44～5.24	1.80	1.62

续表

指标	丁岗镇		大路镇		姚桥镇		全区均值
	含量	均值	含量	均值	含量	均值	
有效硼	0.81～1.34	1.03	0.64～1.47	1.04	0.66～1.54	1.13	1.09
有效钼	0.07～0.57	0.19	0.08～0.31	0.17	0.08～0.32	0.20	0.19
有效硫	21.30～128.00	50.60	30.00～132.00	67.70	18.50～161.00	73.30	68.00
有效硅	158.00～395.00	247.80	119.00～303.00	190.30	106.00～316.00	191.90	201.00

第五章

耕地质量评价

根据国家标准《耕地质量等级》(GB/T 33469—2016)要求，采用“层次分析—隶属函数—累积曲线”技术路线对镇江新区耕地质量进行评价，实现对耕地质量的分等定级。该方法采用层次分析法计算各个评价指标的权重，采用模糊数学的方法构建每个指标的隶属函数并计算每项指标的隶属度，采用累加模型计算每个评价单元的耕地质量指数(综合得分)，再根据得分等距法原理对评价单元进行分级。全国耕地按质量等级由高到低依次划分为一至十级，一至三级地基础地力较高，基本不存在障碍因素，应按照用养结合的方式开展农业生产，确保耕地质量稳中有升；四至六级地所处环境气候条件基本适宜，农田基础设施条件较好，障碍因素不明显，是今后粮食增产的重点区域和重要突破口；七至十级地基础地力相对较差，生产障碍因素突出，短时间内较难得到根本改善，应持续开展农田基础设施和耕地内在质量建设。

镇江新区隶属于长江中下游区，本轮耕地质量评价共确定了15个指标，分别是清洁程度、生物多样性、农田林网化、地形部位、有效土层厚度、质地构型、障碍因素、pH值、容重、耕层质地、有效磷、速效钾、有机质、排水能力和灌溉能力。本轮耕地质量评价共划分为10个等级，镇江新区以二级地、三级地、四级地、五级地为主，具体相关情况见表5-1至表5-3。

表5-1　镇江新区耕地质量等级划分标准

等级	等级指数	面积/hm^2	等级	等级指数	面积/hm^2
一级地	≥0.917 0	91.43	六级地	0.793 9～0.818 5	801.82
二级地	0.892 4～0.917 0	1 096.92	七级地	0.769 3～0.793 9	476.57
三级地	0.867 8～0.892 4	3 110.20	八级地	0.744 6～0.769 3	88.64
四级地	0.843 1～0.867 8	1 200.66	九级地	0.720 0～0.744 6	16.54
五级地	0.818 5～0.843 1	1 596.65	十级地	0～0.720 0	0.00

表5-2　各行政单位耕地质量等级面积分布　　hm^2

行政单位	质量等级									
	一级	二级	三级	四级	五级	六级	七级	八级	九级	合计
市辖区	91.43	1 096.92	3 110.20	1 200.66	1 596.65	801.82	476.57	88.64	16.54	8 479.43
大港街道	69.74	110.92	182.47	191.31	204.08	80.10	63.23	22.53	0.00	924.38
孩溪村	1.41	1.80	0.05	8.32	1.04	0.00	0.00	0.00	0.00	12.62
王巷村	0.00	1.73	26.67	11.15	18.02	13.12	17.85	11.94	0.00	100.48
北山村	0.00	15.41	0.19	3.27	13.50	12.19	0.00	0.00	0.00	44.56
北角村	0.00	0.00	41.90	50.01	12.71	0.00	0.83	1.67	0.00	107.12
东方村	0.00	0.00	0.00	4.55	36.28	21.81	0.00	3.72	0.00	66.36

续表

行政单位	质量等级									
	一级	二级	三级	四级	五级	六级	七级	八级	九级	合计
甸上村	57.52	0.69	0.00	0.00	14.51	0.00	0.00	0.00	0.00	72.72
大百村	10.81	26.88	3.48	1.99	34.46	0.00	0.00	0.00	0.00	77.62
祝赵村	0.00	6.76	0.00	3.57	1.05	0.00	0.00	0.00	0.00	11.38
唐巷村	0.00	14.68	36.49	36.37	16.39	1.03	2.13	0.00	0.00	107.09
厚角村	0.00	0.00	6.78	32.47	0.00	0.85	33.03	0.53	0.00	73.66
段家村	0.00	26.47	25.85	0.74	0.00	4.32	0.00	0.00	0.00	57.38
赵魏村	0.00	16.43	11.31	3.16	0.53	1.23	2.51	0.00	0.00	35.17
华阳村	0.00	0.00	0.00	10.73	2.39	1.32	0.08	3.38	0.00	17.90
观塘村	0.00	0.00	0.68	0.88	0.85	0.00	0.00	0.00	0.00	2.41
大港村	0.00	0.07	17.94	8.37	0.00	4.19	0.00	0.00	0.00	30.57
赵庄村	0.00	0.00	0.27	0.00	0.00	2.48	0.00	0.00	0.00	2.75
韩桥村	0.00	0.00	10.86	4.55	48.05	17.00	6.54	0.00	0.00	87.00
龙泉村	0.00	0.00	0.00	6.66	4.00	0.56	0.00	1.29	0.00	12.51
聂家村	0.00	0.00	0.00	4.09	0.00	0.00	0.26	0.00	0.00	4.35
港中新村	0.00	0.00	0.00	0.43	0.30	0.00	0.00	0.00	0.00	0.73
姚桥镇	0.00	197.80	1 088.69	487.10	1 107.50	457.32	128.44	17.59	15.83	3 500.27
姚镇村	0.00	30.11	32.55	45.50	22.38	2.87	0.00	0.00	0.00	133.41
仲宝村	0.00	0.00	69.42	24.75	73.28	97.66	3.86	0.00	0.00	268.97
迎滨村	0.00	17.91	166.85	3.60	0.00	0.00	0.00	0.00	0.00	188.36
迎北村	0.00	10.61	148.76	0.00	0.00	0.00	0.00	0.00	0.00	159.37
伏漕村	0.00	67.96	165.21	0.00	0.00	0.00	0.00	0.00	0.00	233.17
三桥村	0.00	50.34	184.68	0.00	0.00	0.00	0.00	0.00	0.00	235.02
大东村	0.00	12.65	97.45	60.91	83.40	50.80	5.38	0.00	0.00	310.59
石桥村	0.00	0.00	0.00	54.03	283.14	0.00	0.00	0.00	0.00	337.17
兴隆村	0.00	0.00	39.26	87.04	103.10	1.92	0.00	0.00	0.00	231.32
红光村	0.00	0.00	0.37	8.94	71.71	169.29	7.42	17.59	3.73	279.05
华山村	0.00	0.00	2.10	45.62	201.10	46.09	111.78	0.00	12.10	418.79
庄基村	0.00	0.00	0.00	4.45	228.46	87.19	0.00	0.00	0.00	320.10
儒里村	0.00	0.00	54.81	112.72	1.28	0.00	0.00	0.00	0.00	168.81
茂华村	0.00	8.22	111.49	39.54	39.65	1.50	0.00	0.00	0.00	200.40
夹江	0.00	0.00	15.74	0.00	0.00	0.00	0.00	0.00	0.00	15.74
大路镇	0.00	383.66	724.02	257.80	181.88	185.77	237.71	46.98	0.71	2 018.53
大路村	0.00	1.18	144.62	4.17	0.00	0.38	1.12	0.00	0.00	151.47
小港村	0.00	22.43	41.54	27.95	22.83	82.12	79.47	37.09	0.56	313.99
薛港村	0.00	141.57	135.71	10.41	0.00	0.00	0.00	0.00	0.00	287.69

续表

行政单位	质量等级									
	一级	二级	三级	四级	五级	六级	七级	八级	九级	合计
东岳村	0.00	129.17	14.99	1.93	0.00	0.00	0.00	0.00	0.00	146.09
西戴村	0.00	75.75	43.92	78.70	28.51	7.12	1.25	0.00	0.00	235.25
宗张村	0.00	0.00	0.09	19.88	77.44	82.40	148.12	4.84	0.00	332.77
照临村	0.00	13.56	74.92	80.45	42.13	11.06	7.75	5.05	0.15	235.07
武桥村	0.00	0.00	156.32	31.78	0.67	1.44	0.00	0.00	0.00	190.21
长征村	0.00	0.00	111.84	2.53	10.30	1.25	0.00	0.00	0.00	125.92
长江	0.00	0.00	0.07	0.00	0.00	0.00	0.00	0.00	0.00	0.07
丁岗镇	21.69	404.54	1 115.02	264.45	103.19	78.63	47.19	1.54	0.00	2 036.25
丁岗村	0.00	0.00	144.06	38.89	29.99	6.13	10.02	0.79	0.00	229.88
华墅村	19.57	43.00	209.43	54.83	55.15	37.38	26.32	0.00	0.00	445.68
留村村	0.00	104.15	246.16	61.60	4.83	5.17	0.00	0.00	0.00	421.91
章村村	2.12	93.55	288.19	93.90	10.46	0.16	10.44	0.75	0.00	499.57
纪庄村	0.00	125.77	86.58	12.55	2.76	12.39	0.00	0.00	0.00	240.05
葛村村	0.00	38.07	140.60	2.68	0.00	17.40	0.41	0.00	0.00	199.16

表 5-3　不同土种耕地质量等级面积分布　　hm^2

土种名称（县级分类系统）	质量等级（按自然要素分）									
	一级	二级	三级	四级	五级	六级	七级	八级	九级	合计
所有土种	91.43	1 096.92	3 110.20	1 200.66	1 596.65	801.82	476.57	88.64	16.54	8 479.43
粗骨土	0.00	0.00	0.00	8.42	0.44	0.00	0.00	0.00	0.00	8.86
死黄土	0.00	0.00	0.00	0.00	67.12	84.21	75.47	34.57	16.54	277.91
耕作黄土	0.00	0.00	0.32	32.75	97.26	46.46	160.35	49.23	0.00	386.37
薄层棕色石灰土	0.00	0.00	0.00	0.00	0.73	0.00	0.00	0.00	0.00	0.73
棕色石灰土	0.00	0.00	0.00	5.74	0.00	0.00	0.00	0.00	0.00	5.74
黄白土	0	14.13	271.56	110.73	28.80	0.81	0.11	0.00	0.00	426.14
黄土	0.00	0.00	141.30	42.55	2.11	0.00	0.00	0.00	0.00	185.96
小粉土	0.00	0.00	6.36	1.27	18.12	2.72	0.00	0.00	0.00	28.47
黄马肝土	1.08	25.60	56.14	13.03	1.39	0.00	0.00	0.00	0.00	97.24
马肝土	90.35	471.29	765.47	225.84	109.18	31.03	0.00	0.00	0.00	1 693.16

续表

土种名称（县级分类系统）	质量等级（按自然要素分）									
	一级	二级	三级	四级	五级	六级	七级	八级	九级	合计
乌底马肝土	0.00	0.00	29.62	6.93	0.00	0.00	0.00	0.00	0.00	36.55
黄沙土	0.00	398.18	1 300.75	483.82	677.64	344.61	123.80	4.84	0.00	3 333.64
沙底黄沙土	0.00	102.30	387.04	142.55	220.02	134.98	113.79	0.00	0.00	1 100.68
夹沙土	0.00	85.42	151.59	127.03	373.84	157.00	3.05	0.00	0.00	897.93
漏沙土	0.00	0.00	0.05	0.00	0.00	0.00	0.00	0.00	0.00	0.05

第一节 一级地

一、分布范围

全区一级地 91.43 hm^2，占全区耕地面积的 1.08%。代表土种主要有黄马肝土、马肝土等。在镇级行政区域分布上，一级地主要分布在大港街道和丁岗镇等。

二、主要特征

一级地成土母质以冲击黄土为主，地形部位一般为平原低阶，耕层质地主要为中壤。土壤有机质含量介于 20～40 g/kg，全氮含量介于 0.75～2.0 g/kg，有效磷含量大于 20 mg/kg，速效钾含量大于 120 mg/kg，pH 值在 6.5～8.0 范围内，耕层厚度大于 18 cm。土壤养分含量均衡，可耕性好，田间基础设施较好，灌溉和排涝能力均较好。

三、生产管理建议

一级地土壤发育程度高、生产性能好、土壤适种性强、农业基础设施完善，是旱涝保收的高产稳产良田。目前，农业利用方式以稻-麦两熟为主，年生产粮食的能力在 1 000 kg/hm^2 以上。从本次调查结果看，该类耕地土壤肥力水平较高，保肥、保水、供肥能力较强，主要分布在圩区，但是水利设施不健全，雨季易滞水；农民施肥偏重氮肥，忽视磷钾肥。该地区之后必须进一步搞好农田基础设施建设，增强抗涝能力；提高农民的科学施肥水平，推广水稻节氮技术，抓好秸秆还田技术。

第二节 二级地

一、分布范围

全区二级地 1 096.92 hm^2，占全区耕地面积的 12.94%。代表土种主要有黄沙土、马肝土、沙底黄沙土、夹沙土等。在镇级行政区域分布上，二级地主要分布在姚桥镇、大路镇、丁岗镇等。

二、主要特征

二级地成土母质以近代冲积相和冲击黄土为主，地形部位一般为平原低阶，耕层质地主要为中壤。土壤有机质含量高于 30 g/kg，全氮含量介于 1～3 g/kg，有效磷含量大于 18 mg/kg，速效钾含量介于 90～120 mg/kg，pH 值在 6.0～8.5 范围内，耕层厚度大于 18 cm。土壤养分含量均衡，可耕性好，田间基础设施较好，灌溉和排涝能力均较好。

三、生产管理建议

二级地土壤发育程度高、生产性能好、土壤适种性强、农业基础设施完善，是旱涝保收的高产稳产良田。目前，农业利用方式以稻-麦两熟为主，年生产粮食的能力在1 000 kg/hm^2以上。从本次调查结果看，该类耕地土壤肥力水平比较高，保肥、保水、供肥能力较强，主要分布在圩区，但水利设施不健全，雨季易滞水；农民施肥偏重氮肥，忽视磷钾肥。该地区之后必须进一步搞好农田基础设施建设，增强抗涝能力；提高农民的科学施肥水平，推广水稻节氮技术，抓好秸秆还田技术；加强工业污染治理，改善农田生态环境。

第三节 三级地

一、分布范围

全区三级地 3 110.20 hm^2，面积最大，占全区耕地面积的 36.68%。代表土种主要有黄沙土、沙底黄沙土和马肝土等。在镇级行政区域分布上，三级地主要分布在丁岗镇、姚桥镇、大路镇等。

二、主要特征

三级地成土母质以近代冲积相和冲积黄土为主，地形部位一般为平原低阶，耕层质地主要为中壤。土壤有机质含量介于 0～50 g/kg，全氮含量介于 1～3 g/kg，有效磷含量介于 5～30 mg/kg，速效钾含量介于 80～120 mg/kg，pH 值在 6.0～8.5 范围内，耕层厚度介于 14～16 cm。土壤养分含量均衡，可耕性好，田间基础设施较好，灌溉保证率达 100%，排涝能力较强，土壤保肥、保水能力强，宜稻宜麦，土壤耕性较好。

三、生产管理建议

三级地所占耕地面积最大，是镇江新区粮食的主要产区，农业利用方式以稻-麦两熟为主，粮食年产量为 900 kg/hm^2。该类耕地土壤保肥、供肥能力较强，农业基础设施完善，排灌渠系配套，抗旱排涝能力较强，仍有较好的适种性和旱涝保收能力，也属于高产稳产耕地。在耕地地力的养护上，应大力提倡增施有机肥、节氮增钾、合理轮作，采用综合措施来提高耕地地力，减少面源污染，实现耕地可持续发展。

第四节 四级地

一、分布范围

全区四级地 1 200.66 hm^2，占全区耕地面积的 14.16%。代表土种主要有黄沙土、沙底黄沙土和马肝土等。在镇级行政区域分布上，四级地主要分布在大路镇、姚桥镇、丁岗镇等。

二、主要特征

四级地成土母质以近代冲积相和冲积黄土为主，地形部位一般为平原低阶，耕层质地主要为中壤。土壤有机质含量低于 40 g/kg，全氮含量介于 1～2.5 g/kg，有效磷含量介于 0～25 mg/kg，速效钾含量介于 70～110 mg/kg，pH 值在 6.5～8.5 范围内，耕层厚度介于 14～16 cm。土壤养分含量均衡，可耕性好，田间基础设施较好，灌溉保证率达 75%，排涝能力较强，土壤保肥、保水能力强，宜稻宜麦，土壤耕性较好。

三、生产管理建议

四级地是镇江新区粮食的主要产区，农业利用方式以稻-麦两熟为主，粮食年产量为 900 kg/hm^2。该类耕地土壤保肥、供肥能力较强，农业基础设施完善，排灌渠系配套，抗旱排涝能力较强，仍有较好的适种性和旱涝保收能力，属于高产稳产耕地。在耕地地力的养护上，应大力提倡增施有机肥、节氮增钾、合理轮作，采用综合措施来提高耕地地力，减少面源污染，实现耕地可持续发展。

第五节 五级地

一、分布范围

全区五级地 1 596.65 hm^2，占全区耕地面积的 18.83%。代表土种主要有黄沙土、沙底黄沙土、夹沙土等。在镇级行政区域分布上，五级地主要分布在大港街道、姚桥镇和大路镇等。

二、主要特征

五级地成土母质以近代冲积相和冲积黄土为主，地形部位主要为平原低阶，耕层质地主要为中壤、重壤。土壤有机质含量低于 35 g/kg，全氮含量介于 0.75～2 g/kg，有效磷含量介于 5～20 mg/kg，速效钾含量介于 60～110 mg/kg，pH 值在 6.5～8.5 范围内，耕层厚度介于 12～15 cm。土壤养分含量比较均衡，田间基础设施一般，能灌能排，旱季地下水位在 0.60 m 以下，障碍层次在 0.40 m 以下出现，土壤旱季通气性一般，耕性稍差，保水、保肥能力尚可。

三、生产管理建议

五级地基本都是中低农田，土壤熟化度较高，但存在保肥与供肥能力方面的矛盾，旱季生产中应注意排水。该类耕地以旱作物为主，粮食年产量在 700～800 kg/hm^2。该类耕地应提高磷钾含量，增加有机质投入，改善土壤理化性状，提高耕地的持续产出能力。特别是在农田基本建设方面，要进一步健全排灌系统，增加排涝泵站，提高抗灾能力。

第六节 六级地

一、分布范围

全区六级地 801.82 hm^2，占全区耕地面积的 9.46%。代表土种主要有黄沙土、沙底黄沙土、夹沙土等。在镇级行政区域分布上，六级地主要分布在姚桥镇、大路镇等。

二、主要特征

六级地成土母质以近代冲积相和冲积黄土为主，地形部位主要为平原低阶，耕层质地主要为中壤、重壤。土壤有机质含量低于 35 g/kg，全氮含量介于 0.75～2 g/kg，有效磷含量介于 5～20 mg/kg，速效钾含量介于 60～110 mg/kg，pH 值在 6.5～8.5 范围内，耕层厚度介于 12～15 cm。土壤养分含量比较均衡，田间基础设施一般，能灌能排，旱季地下水位在 0.60 m 以下，障碍层次在 0.40 m 以下出现，土壤旱季通气性一般，耕性稍差，保水、保肥性尚可。

三、生产管理建议

六级地基本都是中低农田，本级耕地土壤主要分布在平原，不宜种植水稻和小麦。针对该级土壤的主要障碍因素（土壤养分含量相对不足、土体构型不良），要大力发展农业基础设施，改善本级土壤环境；大力发展高效农业，种植经济林木。

第七节 七级地

一、分布范围

全区七级地 476.57 hm^2，占全区耕地面积的 5.62%。代表土种主要有耕作黄土、黄沙土、沙底黄沙土等。在镇级行政区域分布上，七级地主要分布在姚桥镇和大路镇等。

二、主要特征

七级成土母质以近代冲积相和冲积黄土为主，地形部位半数为平原低阶、半数为丘陵上部，耕层质地主要为中壤、重壤。土壤有机质含量低于 25 g/kg，全氮含量介于 0.75～1 g/kg，有效磷含量介于 0～25 mg/kg，速效钾含量介于 50～100 mg/kg，pH 值在 6.5～8.5 范围内，土壤耕层厚度介于 10～15 cm。土地不够平整，地块不成片，灌排条件差，旱季地下水位介于 0.4～0.6 m，障碍层次在 0.3 m 以下出现，土壤通气性差，易结板，保水、保肥性差。

三、生产管理建议

七级地半数属丘陵岗地，地势较高，适宜种植经济林木，如茶叶、果树、红豆杉等经济作物。针对该级土壤的主要障碍因素（土壤养分含量相对不足、土体构型不良），要大力发展农业基础设施，增施有机肥；改善本级土壤环境，增加土壤养分；大力发展观光旅游农业，种植经济林木。

第八节 八级地

一、分布范围

全区八级地 88.64 hm^2，占全区耕地面积的 1.04%。代表土种为死黄土和耕作黄土。在镇级行政区域分布上，八级地分布在大路镇和大港街道。

二、主要特征

八级地成土母质以冲积黄田为主，地形部位主要为丘陵上部，土壤质地为重壤。土壤有机质含量介于 10～20 g/kg，全氮含量介于 0.75～1 g/kg，有效磷含量介于 0～20 mg/kg，速效钾含量介于 70～100 mg/kg，pH 值在 7.0～8.5 范围内，耕层厚度介于 10～15 cm。土地不够平整，地块不成片，灌排条件差，旱季地下水位介于 0.4～

0.6 m，障碍层次在 0.3 m 以下出现，土壤通气性差，易结板，保水、保肥性差。

三、生产管理建议

八级地属丘陵岗地，地势较高，适宜种植经济林木，如茶叶、果树、红豆杉等经济作物。针对该级土壤的主要障碍因素（土壤养分含量相对不足、土体构型不良），要大力发展农业基础设施，增施有机肥；改善本级土壤环境，增加土壤养分；大力发展观光旅游农业，种植经济林木。

第九节 九级地

一、分布范围

全区九级地 16.54 hm^2，占全区耕地面积的 0.19%。代表土种为死黄土。在镇级行政区域分布上，九级地主要分布在姚桥镇。

二、主要特征

九级地成土母质以冲积黄田为主，地形部位为丘陵上部，土壤质地为重壤。土壤有机质含量低于 10 g/kg，全氮含量介于 0.5～1 g/kg，有效磷含量介于 5～15 mg/kg，速效钾含量介于 70～100 mg/kg，pH 值大于 8.0，耕层厚度小于 15 cm。土地不够平整，地块不成片，灌排条件差，旱季地下水位介于 0.4～0.6 m，障碍层次在 0.3 m 以下出现，土壤通气性差，易结板，保水、保肥性差。

三、生产管理建议

九级地属丘陵岗地，地势高，适宜种植经济林木，如茶叶、果树、红豆杉等经济作物。针对该级土壤的主要障碍因素（土壤养分含量相对不足、土体构型不良），要大力发展农业基础设施，增施有机肥；改善本级土壤环境，增加土壤养分；大力发展观光旅游农业，种植经济林木。

6

第六章

耕地质量建设

第一节
高标准农田建设

2018年中央一号文件提出，深入实施藏粮于地、藏粮于技战略，严守耕地红线，确保国家粮食安全，把中国人的饭碗牢牢端在自己手中。江苏一直高度重视高标准农田建设工作，于2009年印发了《江苏省高标准农田建设标准（试行）》，并出台了《江苏省高标准农田建设规划（2010—2020年）》。规划要求按照“灌排设施配套、农田平整肥沃、田间道路畅通、农田林网健全、生产方式先进、产出效益较高”六条标准，每年建设高标准农田10万hm^2，到2020年新增高标准农田110万hm^2，全省高标准农田占耕地面积达到60%。

镇江新区紧抓有利政策机遇，积极申报高标准农田建设项目，同时加大地方投入力度，加快推进当地农业和农村经济的持续发展。

一、建设标准

按照国家质量监督检验检疫总局、国家标准化管理委员会颁布的《高标准农田建设通则》(GB/T 30600—2014）以及《江苏省高标准农田建设标准（试行）》要求，对项目区灌排系统进行科学规划，实行节水灌溉，使灌溉用水不超出区域水资源承载力，水质符合农田灌溉用水标准，工程设计执行《灌溉与排水工程设计标准》（GB 50288—2018)。

1. 灌排设施配套

镇江新区属苏南丘陵区，降雨丰富，以稻麦生产为主。灌溉设计保证率达到90%。灌溉水源水质满足《农田灌溉水质标准》(GB 5084—2005）要求。支渠以下灌溉水利用系数不低于0.7。日降雨200 mm，雨后1天排出积水。控制农田地下水位埋深在田间0.8 m以下。田灌排工程配套率和完好率在95%以上，满足小麦生长期和水稻晒田期降渍的需求。中沟级以上灌排工程配套率和完好率达到100%，田间工程配套率和完好率不低于90%，建筑物性能与技术指标达到规范要求。

排水系统力求健全，排水出路力求通畅。排水系统依据当地地形条件、河网特点，按高水高排、低水低排、就近排泄、力争自流的原则布置。各级排水明沟宜相互垂直布置，排水路线宜短而直。排水沟道断面及坡度设计合理，末级固定排水沟的深度和间距应符合当地机耕作业及农作物对地下水位的要求。

2. 农田林网健全

主要道路、沟、渠两侧应设置防护林带，干支渠和机耕道两侧宜配置两行林带，农渠配置一行林带，达到一级农田林网建设标准。造林当年成活率达到95%以上，3年后保存率达到90%以上。

3. 田间道路畅通

田间道路分机耕路、生产路两级。机耕路与乡村公路连接，生产路连接机耕路与田块。机耕路主要路段硬质化，路面净宽不低于3 m，高出田面0.3～0.5 m，设置间隔会车点。生产路路面采用沙石路面，净宽不低于2 m，高出田面0.2～0.4 m，配套桥、涵和农机下田（地）设施，便于农机进出田间作业和农产品运输。

4. 生产方式先进

农业机械综合作业率不低于90%。农作物优良品种覆盖率达到100%，科技贡献率比一般农田平均水平提高10%。基本实现农业适度规模经营。项目区内农民专业合作社、农业龙头企业、农民种植大户等市场主体规模经营的面积达60%以上。

5. 土地平整肥沃

镇江新区属于苏南丘陵区、沿江圩区，条田面积在6.7～13.3 hm^2之间。耕层厚度大于20 cm，耕层土壤有机质含量达到22 g/kg。格田田面高差不超过±5 cm。实现秸秆还田，土壤环境质量符合无公害农产品生产基地建设要求。

6. 产能目标稳定

种植粮食的田块年产稳定在15 000 kg/hm^2以上。与一般农田相比，单位面积产能效益提高20%以上。种植其他作物的田块年纯收入30 000元/hm^2以上。

二、建设内容

新区高标准农田建设的内容主要包括土地平整工程、灌溉与排水工程、田间道路工程、农田防护与生态环境保持工程及其他工程。在一定时期内，通过农村土地整治形成集中连片、设施配套、高产稳产、生态良好、抗灾能力强、与现代农业生产和经营方式相适应的基本农田。

新区高标准农田建设坚持以下原则：

（1）集中连片、规模开发。所选择的项目区内基本农田要集中连片，以实现区域集中整治，总体规划，采取“集中力量、重点投入、连片开发”的治理方式，加大规模开发力度，确保治理区域集中连片，力争治理一片，成效一片，致富一方，促进农业经济走上新台阶。

（2）坚持效益优先、务求实效。效益是现代农业的发展前提；发挥资源优势，追求规模效益，促进农民增收，是农业发展的根本。高标准农田建设既要讲社会效益，也要讲经济效益，做到与产业发展有机结合，推进土地规模经营，调整耕作模式，提高开发效益。坚持效益优先、务求实效，缺什么补什么，不搞形象工程、花架子工程。

（3）水土资源优越、有良好的基础条件。高标准农田建设工程是一项系统工程，所选择的项目区必须具有丰富、优质的水资源，肥沃的土壤条件，以及充足的光热资源，并要求骨干基础设施条件相对完善，交通便捷，具有一定的建设高标准农田的基础。

（4）干群积极性高。所选择的项目区应具有较好的优势特色农产品生产历史，具有精耕细作的良好传统。群众对农业综合开发有比较深刻的认识，能以饱满的热情投入高标准农田建设，具有一定的资金自筹能力，能以劳折资形成合力。

（5）生态环境优先。良好的生态环境是农业可持续发展的基础。高标准农田建设项目区建成后，主要以生产优质的农产品、创立农产品品牌为主，形成“技术集聚、高效优质、规模化生产”的粮食生产基地，因此必须选择生态环境良好的区域，以达到资源、效益与生态环境的协调发展。

三、主要成效

建设高标准农田，是保障国家粮食安全的重要基础，是推动农业转型升级的有效手段，是促进小农户与现代农业有机衔接的重要抓手。长期以来，新区始终重视高标准农田建设工作，并取得了较好成绩。

（1）农业基础设施进一步加强。新区在高标准农田建设工作中坚持连片开发、综合治理、集中投入的原则，加强项目区农田水利综合配套建设，解决项目区灌排等突出问题，建成了一批高产、稳产的优质稻米生产基地，项目区田、水、林、路得到了综合治理，桥、涵、闸、站得到了全面配套，基本达到田成方、林成网、沟相通、渠相连、灌得上、排得出的高标准农田标准。农业生产条件得到很大改善，项目区的农业综合生产能力和抵御自然灾害的能力得到有效提高。

（2）农业综合生产能力进一步提高。高标准农田建设项目的实施，大大提高了项目区的经济效益和社会效益。一是经济效益提高。通过项目的实施，项目区灌溉面积、除涝面积、节水灌溉面积得到增加和改善。二是社会效益明显。通过农业综合开发建设和实施，项目区直接受益农民年纯收入增长明显。三是改善了党群、干群关系。农业综合开发工作的实施，使老百姓得到了实惠，老百姓能看到、用到、体会到，能真正感受到农业综合开发是一项惠民工程，能为百姓办实事、办好事。

（3）*农民增收渠道进一步拓宽*。高标准农田建设项目的实施，一方面改善了生产条件，提高了土地产出率，增加了农民种地收益；另一方面提高了机械化作业率，把大量农村劳动力从农业生产中解放出来使其从事其他产业，拓宽了农民增收渠道。

第二节 耕地培肥改良

新区土壤肥力水平总体处于上升趋势，但耕作层物理性状变差。通过近几年土壤农化样采集化验和土壤监测点的监测，对比第二次土壤普查资料进行统计分析可以看出：土壤基础肥力水平总体处于上升趋势，土壤有机质含量明显增加，土壤碱解氮含量稳中有升，有效磷含量普遍提高，速效钾含量前降后升。

一、瘠薄地土壤培肥

1. 生物养地

生物养地就是将生物及其残体融入土壤中，从而增加土壤肥力，改良土壤结构。在进行生物养地的过程中，生物固氮能够节约大量的能源，并且其对环境无污染，是进行土壤培肥的重要方式。水稻、小麦、玉米等的秸秆中含有大量的碳素，并且其腐殖化系数较高，所以将其粉碎后融入土壤中，能够增加土壤中的有机质，有效提高土壤的肥力。豆科的大豆属于豆科作物有固氮作用，可增加土壤肥力的农作物，其植株中的氮含量较高，在农作物收获以后，还田植林的氮元素都会留给土壤，并且根瘤菌还能够固氮。所以大豆在收获以后，将其根部粉碎还田，能够有效改善土壤肥力，提高土壤养分含量。通过农作物的合理布局以轮作倒茬，能有效调节土壤肥力。

2. 化学培肥

通过施用化学肥料、土壤改良剂来强化农田物质循环、增进地力，是现代农业扩大再生产的基础，也是现代农业培肥地力的重要方式。化肥施用水平与产量水平密切相关，世界粮食增产额中约有50%靠的是化肥。在增产的同时，化肥还能有效保持土壤中氮、磷、钾、钙等的平衡，促进碳循环。需要注意的是，化肥的施用量应服从施肥的经济原则，避免出现“报酬递减”现象；化肥的施用必须体现因土壤、作物制宜原则，氮、磷、钾合理配合施用原则；在强化无机投入的同时，也应注重有机培肥，坚持有机与无机相结合。化肥的肥效快，但后效短、养分单一，有机肥的肥效慢，但后效长、养分全面，含有微量元素，有机肥与化肥配合施用，可以相互取长补短，能够持续均衡地全面满足作物对养分的需求。

酸性土壤改良采用碱性物料（石灰物质）中和技术。但水田与旱地土壤背景 pH 值大于 6.0，或土壤背景 pH 值距校治目标 pH 值在 0.5 个单位范围内的，不采用碱性物质（石灰物质）中和技术，宜采用提升土壤有机质和阳离子交换量、控制酸性与生理酸性肥料施用、选择配施碱性肥料等措施逐年校治。

酸性土壤改良所用的碱性物料（石灰物质）包括钙或钙和镁的氧化物、氢氧化物、碳酸盐和硅酸盐，不同物料的中和（调酸）能力各不相同，以中和值（CCE 值）衡量其大小，宜使用石灰粉（主要成分 $Ca(OH)_2$）和石灰石粉（主要成分 $CaCO_3$）。石灰粉施用采用表面撒施后再深翻入土的方式，使目标土壤与石灰粉均匀混合。使用石灰粉校正土壤 pH 值时，应适当增加目标土壤有机肥和磷肥的施用量。依据石灰用量的大小，在原有磷肥适用量的基础上，增加20%～50%。

调节碱性土壤宜使用石膏（$CaSO_4$）、硫磺粉等。苗床、圃地、基质等碱性土壤常用的改良材料主要为硫磺粉，每 1 000 kg 风干土 pH 值下降 1 个单位的硫磺粉建议用量，砂土为 550 g、黏土为 800 g，使用时应结合基肥、翻耕全层施用。大田碱性土壤改良使用石膏或磷石膏，一般土壤代换性 Na^+ 的比例达到 10%～20%时，需增施石膏来调节土壤交换性钙；代换性 Na^+ 达到 20%以上时，需施用石膏来改良土壤，改良土壤时石膏施用量控制在 375～450 kg/hm^2 范围内。碱性土壤改良宜结合降盐技术，除用物料中和外，应配套实施种植结构调整、灌水淋洗、增施有机肥料、施用酸性和生理酸性肥料等。

3. 有机无机配合培肥

化肥属于无机肥，主要以无机提高有机的方式施用，但是全部使用化肥的生产投入成本较高，并且肥料流失会对环境造成污染。而有机肥主要来自植物和动物，成本相对较低，对环境无污染，能够有效地改善土壤肥力，并且种植出的农作物的营养成分较好。所以坚持有机肥与无机肥相结合的施用方式，不仅可以降低成本，减少对环境的污染，还能够有效地改善土壤肥力，对提升地力水平具有长久效用。

有机肥分为很多种类，不同的有机肥中的养分性质及含量存在很大的差别，所以在施用有机肥时，应该根据种植的农作物种类来合理选择，施肥量应保持一定的平衡性。同时，还要掌握适宜的施肥时期，根据农作物的营养临界期及最大效率期来合理确定施肥时间。

4. 合理耕作轮作

合理耕作，可以改善土壤的耕层以及地面的状况，促进水、空气、肥料、热的相互协调作用，为农作物提供良好的生长环境。疏松的耕层有利于植物根系的生长和有机物质的转换。合理的灌溉可以提高土壤中的水分，促进有机肥的吸收，有利于土壤肥力的调节。应减少不必要的作业项目或者实行联合作业，防止压板土壤；注意土壤的宜耕状态和宜耕期，避免在土壤过湿时进行耕作；适当免耕或少耕；增施有机肥，合理排灌。

深耕宜选择在土壤的适耕期内进行。水田熟化土壤深度为 20～25 cm，旱地深度大于 30 cm。深耕作业要求实际耕幅与种植宽幅一致，保持深度均匀，无漏耕、重耕，耕深稳定性、土体破碎率等符合田间管理要求。土壤深耕宜结合秸秆还田技术和农家肥料施用技术，协调配合实施灌水、泡田、晒垡。熟化土壤适宜的深耕周期为 2～3 年，特殊要求下也可一年一次，但原耕层浅薄或层次发育不良田块应逐渐加大耕作深度，切忌一次性过深而彻底打破犁底层。土壤深耕后，应根据接茬作物种植标准实施耙田或深松技术，保持田面平整。

深松技术主要用于旱地作物播前管理，分为全面深松和局部深松。全面深松适宜于工作幅宽较大的田块；局部深松常结合施肥、除草等田间管理措施同时进行，具体形式有间隔深松、浅翻深松、灭茬深松、中耕深松、垄作深松、垄沟深松等。深松作业应保持耕层土壤适宜的松紧度和保水保肥能力，深度控制在 15～20 cm，易漏水、漏肥、漏气的田块不适宜深松。

长期种植单一品种就会打破土壤结构的平衡性，养分过多或过少都不利于农作物的生长，所以合理轮作、间作是提高土壤肥力的重要方式。豆科植物的根瘤菌可以固定空气中的氮，在土壤中形成氮源，从而改善土壤肥力。因此，进行农作物轮作和间作可以平衡土壤中的养分含量，从而提高土壤肥力。

借助于土壤耕作、灌溉与排水、农田基本建设等农业措施，可以改善耕层构造，协调耕层土壤水分、空气和养分的矛盾，改善土壤肥力条件，促进肥力因素发挥效用，控制地力非目标性消耗，为农田作物生长发育创造良好的土壤环境条件。

5. 田建设防护

建立综合的农田防护体系，控制因水蚀、风蚀和草害导致的农田肥力因素的非目标性输出。通过基本农田建设营造农田防护林带，实施保护耕作、保护种植等措施，能改善农田生态环境条件，维护农田地力不致损耗。

设施农业土壤盐渍化发生后，要坚持有机肥和化肥相结合的施用方法，采用测土配方施肥和水肥一体化技术，严格控制化肥过量施用和其他农业投入品的盐分浓度。已发生土壤次生盐渍化的设施田块应实施水旱轮作，通过水稻或水生蔬菜轮作倒茬，利用一段时间的淹水淋洗，有效降低耕层土壤中可溶性盐分含量。设施栽培期间，条件许可时选择高温季节、梅雨季节揭去棚膜，深翻作畦，利用雨水淋溶洗盐；也可利用 7 月至 8 月高温换茬季节，采用大水灌水闷棚和喷淋的方法，结合土壤消毒进行土壤洗盐、排盐。采用普通滴灌、膜下滴灌和地膜覆盖可减免土壤盐分向耕作表层积累。此外，施用有机肥等改良土壤结构，提高土壤缓冲性能，改善土壤微生物的营养条件，可抑制由盐渍等引起的病原菌生长。

6. 推广商品有机肥和秸秆还田

20 世纪 80 年代开始，镇江新区大力提倡施用有机肥和秸秆还田，通过 30 多年的实施，全区耕地土壤有机质含量得到了明显提升。多积多造，多用有机肥，改良了土壤，培肥了地力，提高了化肥肥效，增加了土壤有机质含量，增强了土壤通透性，为农业可持续发展和发展生态农业提供了有力的保障。通过推广使用商品有机肥和秸秆还田，大幅度提高了作物产量和品质，降低了成本，改善了城乡环境。

二、连作障碍土壤改良

连作，狭义上是指同一块地里连续种植同种或同科农作物，广义上是指同一种作物或感染同一种病原菌或线虫的作物连续种植。在设施栽培的过程中，受复种指数高、作物种类单一、人均耕地少，以及设施场地、交通设施、水源和水利设施、家庭承包经营体制等因素影响，包括农民在种植习惯上不愿意轮换种植不同种作物，导致地力被破坏、作物生长滞缓、病虫害加剧、产量和品质下降等连作障碍问题日益严重。

1. 合理轮作

不同种（属、科）作物间轮作是防治连作障碍的最佳、简单、有效的措施。针对不同蔬菜品种制定不同轮作、套种、间作模式，能有效改良土壤生态环境，其中水旱轮作是目前效果较好的栽培模式，通过水稻—菜豆（茄果类）、茭白—菜豆（茄果类）等的水旱轮作，既能吸收土壤中的不同养分，使土壤中的养分得到充分利用，又可通过换茬减少土传病害的发生，提高单位面积种植作物的产量和产值，提升土壤地力，保证良性耕作。对于酸性土壤，可以通过与碱性绿肥作物（如毛叶苕子、油菜等）轮作来调节土壤 pH 值。

2. 增施有机肥

有机肥具有疏松土壤、改善微生物生活条件、培肥地力、协调土壤养分供给、保障作物健壮生长的作用。增施有机肥是防治土壤连作障碍的有效措施。合理施肥可以有效改良土壤，即以施基肥为主、追肥为辅，在基肥中应以有机肥为主。在蔬菜生产中，结合土壤酸化的实际情况，施商品有机肥 800～1 000 kg/667 m^2，可以起到改良土壤的作用。同时，在化肥施用中，有条件的可选用水溶性复合肥，利用肥水一体化设施施肥，减少化肥的施用量。

3. 配施微生物肥

微生物肥是通过人工培养对植物有益的微生物而研制出的微生物制品，微生物肥料中含有大量有益菌，土壤接种有益菌后，可有效抑制某些病原菌的生长，能有效改善土壤生态环境，提高土壤自身的降解能力，防止病害的传播与自毒作用。目前生产中应用比较多的是根瘤菌肥、解磷解钾微生物肥、复合微生物肥。微生物肥是一种辅助性肥料，必须与化肥和有机肥配合施用，才能充分发挥效能。

4. 利用化学他感作用

20 世纪 70 年代，有学者发现水稻连作中残留在土壤中的秸秆分解产生自毒物质而引起减产。许多植物和微生物可释放一些化学物质来促进或抑制同种或异种植物或微生物生长，这种现象称为化学他感作用。利用农作物间的化学他感作用原理进行有益组合，可减少植物根部病害。例如，一些十字花科作物在分解过程中会产生含硫化合物，向土壤中施入这种作物的残渣能减少下茬作物根部病害的发生，许多葱蒜类蔬菜由于根系分泌物对多种细菌和真菌有较强的抑制作用，常被用于间作或套种。

第七章

科学施肥

7

肥料是农业生产发展的重要物质基础，是作物的“粮食”，对作物增产的贡献率一般在40%以上，对作物的稳产、高产起着不可替代的作用。科学施肥是农作物稳产、高产和培肥土壤的重要保障，合理地施用化肥可以较好地保持和提高土壤肥力，提高作物肥料利用率。合理施用肥料，尤其是合理施用化学肥料对促进农业生产的发展起着重大的作用。

合理施肥的含义甚广，从经济意义的角度讲，它应该包括两方面：一是通过合理的施肥措施协调作物对营养元素的需要与土壤供肥之间的矛盾，从而达到高产、优质的目标；二是用较少的肥料投入争取获得较高的产量和最大的经济收益，实现降低成本、增加收益的目的。从培肥改土的角度看，合理施肥应该体现用地与养地相结合的原则，为实现作物高产、稳产、优质、安全创造良好的土壤条件。从生态保护的角度讲，合理施肥还具有保持生态平衡、保护土壤和水源，防止污染等意义。与此同时，还应重视有机肥的施用，在施用有机肥料的基础上合理配合施用化学肥料，可以达到提高产量、培肥土壤、适度减少化肥用量、肥料化利用畜禽粪便、保护生态环境、增加经济效益的效果。

随着经济的快速发展，农业生产效益相对降低，许多地区忽视了对耕地质量的培育和管理，原土壤肥力较高的农田，由于长期缺少培肥地力措施，不仅土壤养分水平下降，而且土壤物理性状劣化，加之农田基础设施年久失修，田间排灌渠系不配套，甚至部分农田季节性抛荒，严重影响了土壤生产力的发挥。近年来，新区土壤肥力水平总体上升，但耕作层物理性状有变劣的趋势。肥料是作物增产的物质基础，合理施用肥料，即科学施肥，是大幅度提高作物产量和改善品质的重要农业生产措施。新区在测土配方施肥项目资金的支持下，系统性开展了小麦、水稻等大宗农作物以及蔬菜、油菜等经济作物的施肥参数的试验，形成了一套测土配方施肥的技术指标体系和针对性的肥料配方，并大面积推广应用，取得了显著的经济效益和社会效益。

第一节 建立科学施肥指标体系

一、建立科学施肥指标体系的流程

1. 采样测土

按照12～30 hm^2采集一个样品的密度采集代表性的耕层土壤样品，化验分析土壤有机质、有效磷、速效钾、全氮及中微量元素等养分含量，摸清土壤的理化性状，掌握土壤的供肥性质。

2. 开展田间试验

按照不同土种不同肥力水平选择代表性的田块，开展“3414”肥料试验和无氮基础地力田间试验。“3414”试验方案设计吸收了回归最优设计，具有处理少、效率高的特点。“3414”是指氮、磷、钾 3 个因素、4 个水平、14 个处理。4 个水平的含义：0 水平指不施肥；2 水平指当地最佳施肥量的近似值；1 水平＝2 水平×0.5；3 水平＝2 水平×1.5。14 个处理因子编码详情见表 7-1。

表 7-1 “3414”试验方案处理因子编码

编号	处理	N	P_2O_5	K_2O	编号	处理	N	P_2O_5	K_2O
1	$N_0P_0K_0$	0	0	0	8	$N_2P_2K_0$	2	2	0
2	$N_0P_2K_2$	0	2	2	9	$N_2P_2K_1$	2	2	1
3	$N_1P_2K_2$	1	2	2	10	$N_2P_2K_3$	2	2	3
4	$N_2P_0K_2$	2	0	2	11	$N_3P_2K_2$	3	2	2
5	$N_2P_1K_2$	2	1	2	12	$N_1P_1K_2$	1	1	2
6	$N_2P_2K_2$	2	2	2	13	$N_1P_2K_1$	1	2	1
7	$N_2P_3K_2$	2	3	2	14	$N_2P_1K_1$	2	1	1

无氮基础地力试验设 3 个处理，分别是无肥区、无氮区和全肥区，随机区组排列，3 次重复。无肥处理指整个生育期不施任何肥料；无氮处理指不施氮肥，磷钾肥施肥量同全肥处理；全肥处理指氮磷钾全部施用，其施用量和比例按高产要求设计。

3. 确定参数

综合分析数据，确定施肥指标体系的参数。

(1)“3414”试验数据整理、分析，获取磷钾施肥参数

① 缺素区（磷、钾）的相对产量和 100 kg 籽粒吸收量及肥料利用率的计算。计算公式如下：

缺磷的相对产量＝处理 4（$N_2P_0K_2$）产量/处理 6（$N_2P_2K_2$）产量×100%

缺钾的相对产量＝处理 8（$N_2P_2K_0$）产量/处理 6（$N_2P_2K_2$）产量×100%

缺氮的 100 kg 籽粒吸氮量＝处理 2（$N_0P_2K_2$）吸氮量/处理 2（$N_0P_2K_2$）产量×100%

全肥区的 100 kg 籽粒吸氮量＝处理 6（$N_2P_2K_2$）吸氮量/处理 6（$N_2P_2K_2$）产量×100%

氮肥利用率=［处理 6（$N_2P_2K_2$）吸氮量－处理 2（$N_0P_2K_2$）吸氮量）］/处理 6（$N_2P_2K_2$）施氮量×100%

② 土壤磷、钾丰缺指标的计算：把试验获得的磷、钾相对产量与供试田块相对应的土壤有效磷、速效钾的含量进行相关性分析，获得 $y=ax+b$ 的回归方程，以缺素相对产量 55%、65%、75%、85%、95%为土壤磷、钾丰缺等级标准，计算相应等级的土壤磷、钾含量水平，作为土壤磷、钾的丰缺等级指标。

③ 磷、钾最佳施肥量的计算：对单个“3414”试验结果采用线性加平台的一元肥料效应模型分析，拟合得出最佳施肥量，根据试验田的磷、钾含量水平，按照磷、钾丰缺标准进行分级统计每个丰缺等级的磷、钾施肥量。

（2）无氮基础地力测定试验数据分析，获取氮肥施肥参数

不同土壤类型的缺氮相对产量、不同作物类型的 100 kg 籽粒吸氮量和氮肥利用率的计算：按照“3414”试验数据分析方法计算每个无氮基础地力测定试验点的缺氮相对产量，再分土壤类型来统计不同土壤类型的相对产量平均值；按照“3414”试验分析方法计算每个试验点的 100 kg 籽粒吸氮量和氮肥利用率；再分作物类型（品种）来统计主要作物类型（品种）的 100 kg 籽粒吸氮量和氮肥利用率。

二、氮肥施肥指标体系的建立

采用地力差减法确定氮肥施用总量，即根据作物目标产量需氮量与土壤供氮量之差来计算施氮量。计算公式如下：

$$X=(y_1\times A_1-y_0\times A_0)/R\times 100$$

式中：X 为施氮量（纯量），kg/667 m^2；y_1 为目标产量，kg/667 m^2；A_1 为全肥区 100 kg产量的吸氮量，kg/100 kg；y_0 为无氮区产量，kg/667 m^2；A_0 为无氮区 100 kg 产量的吸氮量，kg/100 kg；R 为氮肥利用率。

相关参数的确定方法如下：

1. 目标产量指标的确定方法

首先运用县域耕地资源管理信息系统进行农作物（稻、麦）生长适宜性评价，再根据各施肥指导单元的特定作物适宜度指数结合特定品种生产潜力确定其目标产量。

（1）小麦生长适宜性评价

评价目的：一方面排除不适宜种植的区域，另一方面明确各个单元农作物生长的适宜度。评价的方法与流程和耕地地力评价一样，但评价的指标权重及分级方法不同，具体方法为从镇江新区耕地地力评价指标中选取 9 个评价因子作为小麦生长适宜性评价指

标，详见表7-2。按照耕地地力评价的方法确定各个评价因子的权重，详见表 7-3 至表 7-8。运用耕地资源管理专家系统对镇江新区耕地进行小麦生长适宜性评价，根据评价得分累计曲线，将适宜分为高度适宜、适宜和不适宜三个等级，评价结果见表 7-9。从表 7-9 可以看出，镇江新区小麦生长高度适宜的耕地面积比例为 15.77%，适宜的耕地面积比例为 84.08%，不适宜的耕地面积比例为 0.15%。

表 7-2 镇江新区小麦生长适宜性评价要素

A 层	B 层	C 层
耕地地力	土壤养分	有效磷、速效钾
	理化性状	耕层厚度、旱地下水位、成土母质
	立地条件	质地、有机质
	土壤管理	灌溉保证率、排涝能力

表 7-3 小麦生长适宜性判断矩阵及对总目标的权重

小麦适宜	土壤养分	理化性状	立地条件	土壤管理	W_i
土壤养分	1.000 0	0.285 7	0.250 0	0.333 3	0.087 0
理化性状	3.500 0	1.000 0	0.875 0	1.166 7	0.304 4
立地条件	4.000 0	1.142 9	1.000 0	1.333 3	0.347 8
土壤管理	3.000 0	0.857 1	0.750 0	1.000 0	0.260 9

表 7-4 土壤养分判断矩阵对总目标的权重

土壤养分	速效钾	有效磷	W_i
速效钾	1.000 0	0.833 3	0.454 5
有效磷	1.200 0	1.000 0	0.545 5

表 7-5 理化性状判断矩阵对总目标的权重

理化性状	耕层厚度	旱地下水位	成土母质	W_i
耕层厚度	1.000 0	1.052 6	0.740 7	0.303 0
旱地下水位	0.950 0	1.000 0	0.704 2	0.288 0
成土母质	1.350 0	1.420 0	1.000 0	0.409 0

表 7-6　立地条件判断矩阵对总目标的权重

立地条件	质地	有机质	W_i
质地	1.000 0	0.500 0	0.333 3
有机质	2.000 0	1.000 0	0.666 7

表 7-7　土壤管理判断矩阵对总目标的权重

土壤管理	灌溉保证率	排涝能力	W_i
灌溉保证率	1.000 0	2.222 2	0.689 7
排涝能力	0.450 0	1.000 0	0.310 3

表 7-8　镇江新区小麦生长适宜性评价要素层次构建及组合权重

指标名称	速效钾	有效磷	耕层厚度	旱地下水位	成土母质	质地	有机质	灌溉保证率	排涝能力
指标权重	0.039 5	0.047 4	0.092 2	0.087 6	0.124 5	0.115 9	0.231 9	0.179 9	0.081 0

表 7-9　镇江新区小麦生长适宜性评价结果

等级	评价综合指数值	耕地面积/ hm^2	比例/ %
高度适宜	≥0.92	1 428.8	15.77
适宜	0.71～0.92	7 617.6	84.08
不适宜	≤0.71	13.6	0.15

（2）水稻生长适宜性评价

评价方法同小麦，其评价指标是从镇江新区耕地地力评价指标中选取 9 个评价因子作为水稻生长适宜性评价指标，详见表 7-10。按照耕地地力评价的方法确定各个评价因子的权重，详见表 7-11 至表 7-16。运用耕地资源管理专家系统对镇江新区耕地进行水稻生长适宜性评价，根据评价得分累计曲线，将适宜度分为高度适宜、适宜和不适宜三个等级，评价结果见表 7-17。从表 7-17 可以看出，镇江新区水稻生长高度适宜的耕地面积比例为 13.71%，适宜的耕地面积比例为 82.63%，不适宜的耕地面积比例为 3.66%。

表 7-10　镇江新区水稻生长适宜性评价要素

A 层	B 层	C 层
耕地地力	土壤养分	有效磷、速效钾
	理化性状	耕层厚度、旱地下水位、成土母质
	立地条件	质地、有机质
	土壤管理	灌溉保证率、排涝能力

表 7-11 水稻适宜性判断矩阵对总目标的权重

水稻适宜	土壤养分	理化性状	立地条件	土壤管理	W_i
土壤养分	1.000 0	0.285 7	0.250 0	0.333 3	0.087 0
理化性状	3.500 0	1.000 0	0.875 0	1.166 7	0.304 4
立地条件	4.000 0	1.142 9	1.000 0	1.333 3	0.347 8
土壤管理	3.000 0	0.857 1	0.750 0	1.000 0	0.260 9

表 7-12 土壤养分判断矩阵对总目标的权重

土壤养分	速效钾	有效磷	W_i
速效钾	1.000 0	0.833 3	0.454 5
有效磷	1.200 0	1.000 0	0.545 5

表 7-13 理化性状判断矩阵对总目标的权重

理化性状	耕层厚度	旱地下水位	成土母质	W_i
耕层厚度	1.000 0	1.052 6	0.740 7	0.303 0
旱地下水位	0.950 0	1.000 0	0.704 2	0.288 0
成土母质	1.350 0	1.420 0	1.000 0	0.409 0

表 7-14 立地条件判断矩阵对总目标的权重

立地条件	质地	有机质	W_i
质地	1.000 0	0.500 0	0.333 3
有机质	2.000 0	1.000 0	0.666 7

表 7-15 土壤管理判断矩阵对总目标的权重

土壤管理	灌溉保证率	排涝能力	W_i
灌溉保证率	1.000 0	2.222 2	0.689 7
排涝能力	0.450 0	1.000 0	0.310 3

表 7-16 镇江新区水稻生长适宜性评价单因素组合权重层次分析结果

指标名称	速效钾	有效磷	耕层厚度	旱地下水位	成土母质	质地	有机质	灌溉保证率	排涝能力
指标权重	0.039 5	0.047 4	0.092 2	0.087 6	0.124 5	0.115 9	0.231 9	0.179 9	0.081 0

表 7-17　镇江新区水稻生长适宜性评价结果

等级	评价综合指数值	耕地面积/hm^2	比例/%
高度适宜	≥0.94	1 857.7	13.71
适宜	0.77～0.94	11 196.4	82.63
不适宜	≤0.77	495.9	3.66

（3）根据生长适宜性评价结果确定目标产量

把特定作物品种在镇江新区能获得的最高产量确定为最适宜评价得分值相对应的目标产量，把最高产量的55%～60%确定为不适宜评价得分值相对应的目标产量，其余评价单元的目标产量根据上述评价分值和目标产量的对应逻辑关系赋值。镇江新区小麦、水稻目标产量对应关系详见表7-18和表7-19。

表 7-18　镇江新区小麦目标产量与生长适宜性评价得分值对应关系

品种	最适宜评价得分值	产量/(kg/667 m^2)	不适宜评价得分值	产量/(kg/667 m^2)
扬麦 16	≥0.94	398	≤0.77	325

表 7-19　镇江新区水稻目标产量与生长适宜性评价得分值对应关系

品种	最适宜评价得分值	产量/(kg/667 m^2)	不适宜评价得分值	产量/(kg/667 m^2)
南粳 9108	≥0.94	668	≤0.77	482

2018年根据上述参数运用耕地资源管理信息系统进行目标产量推荐，并对推荐结果进行统计，详见表7-20。将推荐产量和统计公布的实际产量比较，水稻平均产量629 kg/667 m^2，较实际产量高2.9%；小麦平均产量364 kg/667 m^2，较实际产量高3.3%。由此可见，系统推荐的目标产量是可靠的。

表 7-20　2018年镇江新区小麦水稻系统推荐目标产量统计　　kg/667 m^2

作物名称	最高产量（系统推荐）	最低产量（系统推荐）	平均产量（系统推荐）
小麦	398	325	364
水稻	668	482	629

2. 无氮产量的确定

根据各土种的相对产量推算每个施肥单元无氮产量，计算公式如下：

无氮产量（kg/667 m^2）＝推荐目标产量（kg/667 m^2）×相同土种相对产量（%）

镇江新区主要土种相对产量见表7-21。

表 7-21 镇江新区主要土种相对产量

土种名称	小麦相对产量/%	水稻相对产量/%
粗骨土	50.00	52.00
黄砂土	40.00	45.00
死黄土	48.00	50.00
耕作黄土	60.00	64.00
薄层棕色石灰土	52.00	55.00
棕色石灰土	56.00	58.00
黄白土	60.00	63.00
黄土	52.00	55.00
小粉土	61.00	64.00
黄马肝土	62.00	65.00
马肝土	63.00	65.00
乌底马肝土	64.00	68.00
黄泥土	64.00	68.00
乌底黄泥土	68.00	72.00
黄泥白土	66.00	70.00
黄沙土	62.00	65.00
沙底黄沙土	56.00	60.00
油沙土	58.00	62.00
夹沙土	48.00	50.00
漏沙土	46.00	48.00

3. 全肥区和缺氮区 100 kg 产量的吸氮量参数

这两个参数由“3414”试验和无氮基础地力测定试验结果统计获得。镇江新区不同作物类型 100 kg 产量吸氮量参数见表 7-22。

表 7-22 镇江新区小麦、水稻 100 kg 产量吸氮量

作物名称	品种类型	全肥区 100 kg 产量吸氮量/kg	无氮区 100 kg 产量吸氮量/kg
小麦	扬麦 16	2.7	2.1
水稻	南粳 9108	2.2	1.8

4. 肥料利用率参数的确定

通过近几年的试验结果可知，全肥区的氮肥利用率为小麦 39.8%、水稻约 40.5%。

目前在进行系统推荐施肥时就使用该数值。随着施肥技术的进一步提升，肥料利用率存在进一步提高的空间。

三、磷、钾施肥指标体系的建立

磷、钾肥推荐用量的技术路线：采用土壤养分丰缺指标法确定丰缺状况的分级标准，采用肥料效应函数法确定磷、钾各个丰缺等级的施用量。

1. 土壤磷、钾养分丰缺指标的确定

土壤某养分丰缺状况是指土壤中某一营养元素含量相对于作物生长所需要的量而言是足够还是缺少。土壤养分丰缺状况评价是根据作物对营养元素的需要量、土壤类型及土壤中有效养分含量对耕地进行分级评价的方法，其评价结果对于制定作物布局、指导科学施肥等具有重要意义。

(1) 基本原理

① 植物营养元素

植物和一切生物一样，需要“食物”来满足其生长、发育和繁殖的需求。但是，植物可以由无机元素、水、二氧化碳等在太阳能的帮助下合成有机物质，以建造自己的有机机体。

现在已经确定的植物必需营养元素有 16 种。所谓必需元素是指这些元素参与植物的代谢过程，缺少这些元素植物无法完成其整个生长周期。必需元素供应不足时会出现一定的外部症状，只有补充相应的元素才能纠正。但是应注意，外部某种症状的出现可以由多种原因造成，所以在诊断时应十分慎重。

植物的必需营养元素共 16 种，分别为碳、氢、氧、氮、磷、钾、硫、钙、镁、硼、铁、铜、锌、锰、钼、氯。

在植物必需的 16 种营养元素中，按植物的需要量分为大量营养元素（氮、磷、钾）、中量营养元素（钙、镁、硫）以及微量营养元素（硼、铁、铜、锌、锰、钼、氯）。另外，碳、氢、氧三种元素不在矿质养分之列，但在植物体中数量最大。

除上述 16 种营养元素为所有植物所必需外，还有 5 种元素只为某些植物所必需，分别为钠、钴、钒、镍和硅，这 5 种元素有时称为有益元素。

在植物必需的 16 种营养元素中，碳、氢、氧主要来自空气和水，其余 13 种来自土壤，植物根系直接从土壤溶液（土壤水）中吸收。

② 作物的养分吸收量

作物的养分吸收量或者作物的养分消耗量，即每生产 100 kg 产品（如籽粒、果实

等）植物吸收的养分公斤数，是农田养分循环中主要的输出项目，根据作物不同其对养分的吸收量也不同。不同作物对养分的喜好也是不一样的。例如，叶菜类、茶叶等需氮较多；豆科作物、糖料作物、纤维作物、薯类作物及瓜类、果树需磷较多；棉花、烟草、马铃薯、甘薯、甜菜、西瓜、果树等需钾较多；马铃薯、大豆、花生、油菜喜硫；油菜喜硼、水稻喜硅、甜菜喜钠；棉、麻等作物喜氯，因氯能增加纤维的韧性。

③ 土壤养分临界值

土壤养分临界值是最早用于诊断指标的一种表示方法。实际上，它是表示土壤养分缺乏和不缺乏的分界线。具体来讲，当某土壤养分的测定值低于临界值时，说明土壤中该养分处于缺乏或极缺乏的水平，必须及时施用含该养分的肥料，才能获得明显的增产效果；反之，如果土壤养分测定值高于临界值，说明土壤中该养分处于基本够用或较为丰富的水平，可适当补施或暂时不施用含该养分的肥料。土壤养分临界值是决定施肥的重要依据，利用土壤养分临界值可以根据作物特点和土壤养分丰缺状况合理施用氮磷钾和微肥，做到心中有数。

（2）评价标准

养分丰缺指标是国内外应用最广泛的一种基于土壤测试的养分推荐方法，主要依据土壤速效养分含量与作物产量之间的相关性原理。针对特定作物种类，在某一地区特定类型土壤、不同土壤速效养分含量的田块进行试验，测定土壤有效养分含量，计算相对产量；依据作物相对产量将土壤速效养分含量水平划分为若干丰缺等级，并通过田间试验确定适用于各丰缺等级的施肥量，在此基础上确定养分丰缺等级与肥料推荐量的检索表。在推荐施肥时，通过田块土壤有效养分含量测定值，对照检索表即可确定出适宜的肥料推荐量。具体做法如下：

① 针对具体作物种类，在各种不同有效养分含量的土壤上进行氮、磷、钾的缺素试验。

② 分别计算各对比试验中缺素区作物产量占全肥区植物产量的百分数（亦称缺素区相对产量）。

③ 利用缺素区相对产量与相应的有效养分含量拟合建立养分丰缺分组标准。根据农业部《测土配方施肥技术规范》规定：相对产量低于60%的土壤养分为极低，相对产量介于60%～70%（不含）的为低，相对产量介于70%～80%（不含）的为较低，相对产量介于80%～90%（不含）的为中，相对产量介于90%～95%（不含）的为较高，相对产量高于95%（含）的为高。

④ 将各试验点的基础土样有效养分含量测定值依据上述标准分组，并据之确定相应养分的丰缺指标。

土壤养分丰缺指标是建立在大量的田间试验基础上，依据土壤速效养分含量与作物相对产量之间的相关性原理发展而来的，主要根据土壤养分含量的高低进行作物肥料用量的推荐，方法可靠、准确。

(3) 稻麦土壤磷、钾养分丰缺指标

根据镇江新区耕地土壤质地类型，将土壤质地归为两大类，即重黏一中壤、轻壤一松砂。通过“3414”试验及对应缺素试验，结合土壤化验结果和专家经验，分别确定了镇江新区稻麦土壤磷、钾养分丰缺指标体系，详见表 7-23。

表 7-23　镇江新区稻麦土壤磷、钾养分丰缺指标

等级	相对产量百分比/%	小麦		水稻	
		有效磷/(mg/kg)	速效钾/(mg/kg)	有效磷/(mg/kg)	速效钾/(mg/kg)
高	≥95	≥19	≥130	≥17	≥140
较高	90～95	17～19	120～130	15～17	120～140
中	75～90	15～17	110～120	13～15	110～120
较低	60～75	12～15	90～110	11～13	90～110
低	<60	<12	<90	<11	<90

2. 各个丰缺等级磷、钾肥最佳施用量的确定

按照上述分析统计方法对镇江新区完成的小麦、水稻“3414”试验结果进行分析统计，获得镇江新区小麦和水稻磷、钾肥最佳用量数值，详见表 7-24。

表 7-24　不同磷钾养分丰缺状况最佳磷、钾肥用量

等级	小麦				水稻			
	有效磷含量/(mg/kg)	P_2O_5 用量/(kg/667m^2)	速效钾含量/(mg/kg)	K_2O 用量/(kg/667 m^2)	有效磷含量/(mg/kg)	P_2O_5 用量/(kg/667 m^2)	速效钾含量/(mg/kg)	K_2O 用量/(kg/667 m^2)
高	≥19	2	≥130	3	≥17	1.4	≥140	3
较高	17～19	4	120～130	3	15～17	1.4	120～140	3
中	15～17	6	110～120	5	13～15	2.8	100～110	6
较低	12～15	6	90～110	5	11～13	2.8	90～110	6
低	<12	7	<90	8	<11	4.2	<90	9

四、中微量元素指标体系

中量元素 Ca、Mg、Si 和微量元素 Zn、B、Cu、Fe、Mn、Mo 主要采用“补缺”的方式进行矫正施肥。通过土壤测试、田间试验及参考相关文献资料，确定镇江新区土壤中微量元素的缺乏程度，进行针对性的补缺施肥，中微量元素含量分级标准见表 7-25。

凡是中微量元素含量在中等以下的田块均需补施肥料，缺锌土壤水稻基肥增施硫酸锌1.00 kg，或叶面喷施硫酸锌0.10 kg；缺硼土壤油菜基肥增施硼沙0.50 kg，或叶面喷施硼沙0.05 kg。

表 7-25　新区土壤中微量元素含量评价分级　　mg/kg

元素名称	一级（丰富）	二级（较丰富）	三级（中等）	四级（低）	五级（极低）	临界值
铜	≥2.00	1.20～<2.00(不含)	0.40～<1.20(不含)	0.10～<0.40	<0.10	0.35
锌	≥5.00	2.50～<5.00	1.20～<2.50	0.55～<1.20	<0.55	0.55
铁	≥20.00	10.00～<20.00	5.00～<10.00	2.50～<5.00	<2.50	2.50
锰	≥50.00	20.00～<50.00	10.00～<20.00	3.50～<10.00	<3.50	8.20
钼	-	≥0.20	0.15～<2.00	0.10～<0.15	<0.10	0.16
硼	≥2.00	1.00～<2.00	0.50～<1.00	0.25～<0.50	<0.25	0.50
硅	≥200	120～<200	75～<120	25～<75	<25	—
硫	≥30	15～<30	<15	—	—	—
钙	≥1 000	720～<1 000	500～<720	300～<500	<300	—

第二节
施肥单元的确定与肥料配方设计

一、施肥单元的确定

以县域土壤类型图（土种）、土地利用现状图和行政区划（村）图叠加生成施肥指导单元图。一个施肥指导单元内，土壤类型、土地利用方式、行政区划（村）完全相同，把土壤地力差异控制在尽可能小的范围内，使施肥推荐方案相对可靠。镇江新区8 479.43 hm^2耕地可以划分为5 234个施肥指导单元，平均每个施肥指导单元面积为1.62 hm^2。

二、肥料配方的设计

（1）根据每个施肥单元的作物产量和氮磷钾及微量元素肥料的需要量设计肥料配方，设计配方时仅考虑氮磷钾的比例，暂不考虑微量元素肥料，在氮磷钾三元素中，优先考虑磷钾的配比，在此基础上以不过量施用为原则设计氮的含量。

（2）区域施肥配方一般包括基肥配方和追肥配方，以县为单位主持工作，现阶段以基肥配方设计为主。配方设计时以施肥指导单元的磷钾配比为基础，采取测土配方施肥专家咨询系统，结合相应的数学方法（聚类分析、线性规划等）将大量的配方进行综合归并，形成配方科学、工艺可行、性状稳定、市场易于接受的主推配方，一般针对一种作物不宜超过 3 个配方。镇江新区目前小麦、水稻的主推配方及适宜区域见表 7-26。

表 7-26 镇江新区小麦、水稻的主推配方及适宜区域

配方名称	小麦		水稻	
	配方含量	适宜乡镇	配方含量	适宜乡镇
配方一	48%（20－10－8）	丁岗、大港、大路	38%（20－8－10）	丁岗、姚桥、大港
配方二	42%（16－16－10）	大路、姚桥	33%（18－5－10）	大路、姚桥
配方三	45%（15－15－15）	全区		

三、制作施肥分区图

肥料配方设计完成后，按照既经济又节肥的原则，应用测土配方施肥专家咨询系统，以配方施肥指导单元图为工作底图，为每个施肥单元推荐肥料配方，具有相同肥料配方的施肥指导单元即为同一施肥分区，将施肥单元图根据肥料配方在软件系统中进行渲染后形成施肥分区图。

第三节 主要农作物施肥技术

一、水稻施肥

1. 水稻需肥规律

水稻在生长过程中有 3 个需肥的重要时期：返青期、分蘖期和幼穗分化期。营养生长期间吸氮量占总吸氮量的 44.5%，生殖生长期间吸氮量占总吸氮量的 51%～56%。

据分析测定，每生产 100 kg 稻谷需从土壤中吸收氮 1.70～2.20 kg，平均 1.90 kg；五氧化二磷 0.70～1.00 kg，平均 0.85 kg；氧化钾 1.60～2.60 kg，平均 2.10 kg。栽培地区、品种类型、土壤特性、施肥方式和产量的不同，对氮、磷、钾的吸收数量也有所不同，制订施肥计划时，必须根据当地条件、品种特性考虑。

分蘖期以前，由于苗小所以同化面积较小，干物质积累不多，因而吸收的养分也较少。这时期吸收的氮占植物一生总吸收量的1/3、磷占1/6、钾占1/5左右。分蘖期至抽穗期是养分吸收最多的时期，这时期植物吸收的养分占一生总吸收量的一半以上。抽穗期以后到成熟阶段，植物吸收的氮占总吸收量的1/6、磷占1/3、钾占1/4。植物各生育期吸收养分的具体数量同样受品种特性、栽培条件和肥料供应能力影响。施肥时应根据具体条件，因地制宜地去考虑，切不可生搬硬套。

苗期是多种营养元素缺乏的临界期，因此机插秧应重视基肥的使用。拔节孕穗期是氮肥的吸收高峰期，此期间应保证充足的肥水供应，但不能过量，如过量会使最后几片叶子变长，节间拉长，易倒伏。水稻抽穗后尚需吸收全生育期总氮量30%左右的氮肥，此时应重视穗粒肥使用。

水稻磷素的临界期在幼苗期和分蘖期。磷在水稻体内移动性大，前期吸收贮存的磷可供后期生长利用，所以磷肥应基施。

水稻对钾的需求量大，一生都需要较多的钾素供应，尤其是分蘖期和拔节孕穗期最为迫切。

水稻是吸收硅素最多的作物，硅能增强表皮细胞硅质化，使稻叶直立，提高光合效率。拔节前追施硅肥效果最好。

水稻对锌较为敏感，水稻缺锌会影响分蘖发生，发生僵苗。水稻锌肥临界期是苗期，锌肥适宜基施。

机插秧是小苗栽插，栽后初期吸肥能力不如手栽秧，为此，分蘖肥应分二次施用，第一次是栽后5～7天，第二次是栽后15天左右。

2. 水稻施肥技术要点

（1）施足基肥。基肥以有机肥为主、化肥为辅。有机肥属完全肥料，含有各种养分，除氮、磷、钾外，还有钠、镁、硫、钙及各种微量元素，施用有机肥，可改善土壤通气性能，提高土壤保肥、保水性能，促进稻株稳健生长，从而有利于获得高产优质的水稻。

（2）科学运筹氮肥。水稻适量施用氮肥可促进稻株发棵生长，但过量施用，不仅会造成无效分孽增多，变青、倒伏、病虫害加剧，还会导致空秕粒增多，结实率下降，影响水稻产量。因此，在水稻生长发育过程中要科学运筹氮肥。氮肥运筹（基蘖肥∶穗肥）为7∶3，拔节孕穗肥在倒3叶时施用，砂质土壤要做到少施勤施，注重穗、粒肥施用。

（3）重视施用磷钾肥。磷钾肥是水稻生长发育中不宜缺少的元素，可增强植株体内活动力，促进养分合成与运转，加强光合作用，延长叶的功能期，使谷粒充实饱满，提高产量。磷肥以基肥为宜，钾肥以追施为好。

（4）适当补充中微量元素。中微量元素硅、钙、镁、硫，均具有增强稻株抗逆性，改善植株抗病能力，促进水稻生长的作用，实践表明：缺锌土壤施用锌肥、缺硅土壤施用硅肥，均有显著的增产效果。微量元素如锌、硼等，能改善水稻根部氧的供应，增强稻株的抗逆性，提高植株抗病能力，促进后期根系发育，延长叶片功能期，防止早衰；能加速花的发育，增加花粉数量，促进花粒萌发，有利于提高水稻成穗率；能促使穗大粒多，提高结实率和子粒的充实度，从而增加稻谷产量。

3. 水稻施肥方案

根据水稻生育期的营养吸收规律，水稻的施肥原则总结如下：施足基肥，早施分蘖肥，巧施孕穗肥，补施粒肥。

基肥可在耕地时一次施入，为水稻整个生育期提供营养，为稳产、高产打下良好基础，可以选用 20—8—10、18—5—10 等配方肥，施用量为 450～600 kg/hm^2；分蘖肥在移栽后 5～7 天内施用，起到促根、促叶、壮苗、壮杆的作用，为促进穗多穗大打好基础，可以选用尿素，施用量为 150～225 kg/hm^2；抽穗前 16～18 天施用穗肥，确保中期有足够的养分转向生殖生长，增加颖花数，促穗大粒重，同时具有养根、健叶、壮秆、防倒伏的作用，可施用配方肥 225～300 kg/hm^2 和尿素 75～100 kg/hm^2，结合喷施磷酸二氢钾效果更好。

总体而言，氮肥应当分期施用，适当增加基肥的施用比例，中后期应结合苗情施用氮肥，避免发生贪青晚熟；要依据水稻土的钾素状况，高效施用钾肥；注意锌和硼的配合施用。水稻被称为“硅酸植物”，需要注重硅肥运筹，适时补充硅肥，如钙镁硅肥。肥料施用应与农机农艺、合理的密度等高产优质栽培技术相结合，积极推广水稻侧深施肥技术。

二、小麦施肥

1. 小麦需肥规律

光合作用与物质生产是作物产量形成的核心。小麦一生的干物质积累是形成小麦产量的物质基础，而其积累过程与自身的生长发育特性和所处环境具有不可分割的联系。在越冬前干物质积累较快，越冬后变化平缓，返青期后干物质积累速度加快，起身期后更快，拔节期后增长速度达到最大，此后成熟干物质继续增长，只是增长速度稍减，到成熟期干物质积累达到最大值。

小麦一生有两个吸肥高峰，第一个吸肥高峰出现在出苗至分蘖时期，对氮、磷、钾的吸收量分别约占三要素总吸收量的14%、9%和7%，第二个吸肥高峰出现在营养生长与生殖生长并重的拔节至抽穗扬花阶段，对氮、磷、钾的吸收量分别约占三要素总吸收量的55%、80%和90%。镇江新区适合生长的小麦品种有中筋小麦和弱筋小麦，小麦施肥时期对小麦的品质有很大影响。小麦籽粒蛋白质及干湿面筋含量随中后期施氮比例的增加而增加，随施氮总量的提高而提高；籽粒产量随中后期施氮比例的增加而增加，在一定施氮水平范围内与施氮总量呈正相关，达到一定阈值后，与施氮总量呈负相关。为此，必须根据小麦的吸肥规律、目标产量和品质形成规律科学地进行施肥，尽可能增施有机肥，培肥地力，确保高产。

小麦对磷、钾的吸收，在分蘖期吸收量约占总吸收量的30%，拔节期后吸收率急剧增长。磷的吸收在孕穗期到成熟期吸收最多，约占总吸收量的40%。钾的吸收在拔节到孕穗、开花期最多，约占总吸收量的60%，到开花期时对钾的吸收已达最大量。

在小麦苗期，应有适量的氮素营养和一定的磷、钾肥，促使幼苗早分蘖、早发根，培育壮苗。

拔节期到开花期是小麦一生吸收养分最多的时期，需要较多的氮、钾营养，以巩固分蘖成穗，促进壮秆、增粒。

抽穗、扬花以后应保持作物有足够的氮、磷营养，以防脱肥早衰，促进光合产物的转化和运输，促进麦粒灌浆饱满，增加粒重。

2. 小麦施肥技术要点

全区小麦一般在11月上中旬播种，生育期较长，从播种到成熟一般需要190～210天。小麦是一种需肥较多的作物。据分析，在一般栽培条件下，每生产50 kg小麦，需从土壤中吸收氮素1.50 kg左右，五氧化二磷0.50～0.75 kg，氧化钾1.50～2.00 kg，氮、磷、钾的比例约为3∶1∶3。

小麦对氮、磷、钾的吸收量，随着品种特性、栽培技术、土壤、气候等而有所变化。产量要求越高，吸收养分的总量也随之增多。

3. 小麦施肥方案

小麦肥料运筹分为基肥和追肥。

基肥目的：培育冬前壮苗，增加有效分蘖数，争取足够的穗数；为小麦壮秆、大穗、增加粒重打下良好的基础。推荐使用高氮高磷复合肥。氮磷钾肥配比为20－10－8、16－16－10或15－15－15，依据基础地力推荐用量为500～650 kg/hm^2。

追肥目的：小麦返青后，便进入以根、叶、蘖为生长中心的时期，当年冬小麦的产量水平与此时期氮营养供应情况密切相关，这也叫氮营养临界期。此时期若营养不足，则会造成苗小，分蘖少，群体不够，难获高产。但如果追施肥过多，氮营养过剩，则会造成叶大、蘖多，群体过大，将来必定茎长秆细，易倒伏，并且穗粒少、粒重轻，也难获高产。因此，追肥量和追肥时期应视小麦苗情而定。苗肥推荐使用尿素 110～150 kg/hm^2，拔节孕穗肥可施用高氮配方肥 350～450 kg/hm^2。对于旺苗麦田，应以控为主，追肥时期可以推迟到拔节期以后；对于弱苗麦田，可结合浇返青水进行追肥。

稻麦轮作区要把磷肥施用重点安排在小麦茬口上。有效磷含量高的土壤每公顷施磷(P_2O_5)量要控制在 0.1 kg 以内，有效磷含量中等的土壤每公顷施磷量要控制在 0.1～0.2 kg，有效磷含量低的土壤每公顷施磷量不超过 0.2 kg。有效钾含量高的土壤可不施用化学钾肥，有效钾含量中等的土壤每公顷施用化学钾肥（K_2O）量在 0.1～0.2 kg，有效钾含量较低的土壤每公顷施用化学钾肥（K_2O）量不超过 0.2 kg。小麦的正常生长还需要钙、镁、硫、硼、锰、铜、锌、铁、钼等营养元素。如果土壤中相应元素含量不足，应根据土壤有效锰、铁、锌等微量元素含量和临界值，合理喷施微量元素肥。

2018 年，镇江新区通过小麦测土配方施肥田间校正试验，进一步验证小麦配方施肥配方的科学性、准确性、代表性，综合比较肥料投入、作物产量、经济效益、肥料利用率等指标，客观评价配方肥料的施用效果和施肥效益，为测土配方施肥技术参数的校正及进一步优化提供依据。

全区耕地地力分布情况复杂，可以根据小麦测土配方施肥指标体系，运用镇江新区测土配方施肥专家咨询系统，给出每个施肥单元推荐施肥方案，进行小麦肥料运筹。用户可以通过智能手机、笔记本电脑、iPad 等设备查询具体田块的小麦施肥方案。

第八章

8

耕地质量管理

第一节 耕地质量管理制度

2008 年 11 月，江苏省为进一步做好耕地质量监测工作，规范监测点标准化建设和监测程序，制定了《江苏省耕地质量监测管理办法》（以下简称“办法”），以期更好地为全省耕地质量建设、指导农民科学施肥服务。办法所指耕地质量监测管理，包括耕地质量监测点设置、样品采集、分析化验、资料整理与应用、人员的选择、培训与表彰、经费来源与使用等。

2011 年 11 月，江苏省为了保护和提高耕地质量，保障农产品有效供给和质量安全，促进农业可持续发展，颁布了《江苏省耕地质量管理条例》（以下简称“条例”），于 2012 年 4 月 1 日执行。条例指出耕地质量是指由耕地地力、田间基础设施、耕地环境等构成的满足农作物安全和持续产出的能力。耕地质量建设与保护坚持科学规划、合理利用、用养结合、综合治理的原则。县级以上地方人民政府应当将耕地质量建设与保护纳入国民经济和社会发展规划，采取措施提高耕地质量，并在财政预算中安排必要的资金。县级以上地方人民政府农业行政主管部门负责本行政区域内耕地质量管理工作，其所属的耕地质量工作机构承担耕地质量调查、监测和评价等有关具体工作。县级以上地方人民政府农业行政主管部门应当会同有关部门根据本行政区域土地利用总体规划、农业发展规划和耕地质量状况，编制耕地质量建设与保护中长期规划，报本级人民政府批准后实施。地方各级人民政府和农业等行政主管部门应当加强耕地质量保护的宣传教育，普及耕地质量保护知识，增强全社会的耕地质量保护意识。任何单位和个人都有保护耕地质量的义务，并有权对破坏耕地质量的行为进行劝阻、检举、控告。

第二节 耕地质量监测

2008 年，《江苏省耕地质量监测管理办法》规定了耕地质量监测点主要设在基本农田保护区内的商品粮棉油基地、优质农产品基地、出口创汇产品基地及城区郊区永久性蔬菜基地内。监测地块的选择应充分考虑当地优势农产品布局、主要耕作制度、土壤类型、生态环境、农户管理水平等因素，尽量远离城镇、村庄、公路，并确保长期不被占用。省级监测点基础设施建设应达到以下标准：对田间不同处理监测小区进行隔离，防止窜水窜肥，实行单灌单排；监测点田头设立保护性标志，防止人为破坏。镇江新区设置省级耕地质量监测点 1 个、市级 2 个、区级 3 个，已建成金字塔式监测体系。省级监测点应长期保持不变，如必须变动，须报省耕环站批准。

办法规定了耕地质量监测的样品采集与分析化验具体要求。县级耕地质量（土壤肥料）工作机构负责监测样品的采集。土壤样品采集应在每年秋收后、秋播前进行，采样深度一般为 0～20 cm；植株样品的采集应在每季作物收获期进行；其他样品根据情况适时采集。市级耕地质量（土壤肥料）工作机构负责监测样品的分析化验。省级监测点的土壤、植株和肥料样品应在通过省级计量认证的指定化验室进行。市级耕地质量（土壤肥料）工作机构没有通过省级计量认证化验室的，须在省耕保站同意的前提下，指定同等水平的土肥测试中心或化验室完成分析化验任务。省级监测点样品分析化验过程中必须加入参比样品进行质量控制；分析化验完成后，监测样品必须在指定化验室保存一定的时间，以便对异常分析结果进行校验。

办法规定了耕地质量监测资料的上报、管理与应用。县级耕地质量（土壤肥料）工作机构按要求认真填写土壤监测原始资料表，采集土壤与植株样，审定无误后，报市级耕地质量（土壤肥料）工作机构。市级耕地质量（土壤肥料）工作机构应及时将监测样品送交指定定点化验室进行分析化验，根据化验结果和县级上报的原始资料，计算和填写监测点基本情况调查表、监测点剖面记载与测试结果表、监测点田间生产情况表、监测点年度资料汇总表。各市每年 4 月底前将上年度监测资料汇总表和耕地质量监测年度报告上报省耕保站，并发布各市耕地质量监测年度报告。省耕保站将及时进行整理分析，并于当年 6 月 25 日前编报上年度全省耕地质量监测年度报告。各市应建立市级耕地质量监测数据库，每年定时更新数据。各市在上报年度报表时，必须同时报送电子数据。建立严格的档案制度。县级耕地质量监测主持部门负责保管每个监测点的原始档案资料。市级监测主持部门负责保管县级上报的每个监测点的档案资料。省耕保站保管市级上报的每个监测点的档案资料，并建立全省耕地质量监测数据库。耕地监测工作主要为政府耕地质量保护和指导农民科学施肥服务。通过对耕地质量的动态监测，定期向各级政府提供耕地质量现状及变化趋势预测预警报告，为政府耕地质量保护宏观决策和指导农民合理施肥提供科学依据，同时也可为优势农产品生产规划布局、农业综合开发、中低产田改良、耕地质量建设、肥料产业发展等提供基础资料。耕地质量监测的技术资料和成果按其任务下达权限，归主管部门所有，未经许可，不可单方转让、发布有关技术资料。各级耕地质量（土壤肥料）工作机构应加强对监测资料的管理，从事监测工作的人员均有防止监测数据随意扩散的责任和义务。

办法规定了市级耕地质量监测主持人员须具有大专以上学历，工作认真，科学严谨，熟悉农业生产和计算机应用；县级监测主持人须具有中专以上学历，工作认真，熟悉当地农业生产；农民监测员须具有初中以上文化知识，经过土壤监测技术培训，认真负责，事业心强，诚实可信，种田技术能代表当地一般水平。为提高耕地质量监测人员的素质，保证监测质量，省耕保站适时组织区、县（市、区）级监测人员进行有关数据处理等方面的培训。市级耕地质量监测承担单位应不定期地组织县（市、区）监测工作人员和农民监测员进行有关耕地质量监测技术方面的培训。

办法提出了省级耕地质量监测点建设与运转经费由省级财政安排，主要用于省级监测点标准化建设、田间记载与管理、土壤化验、植株分析、培产、资料汇总等。镇江的耕地质量监测经费应纳入同级财政预算，确保监测工作的正常开展。

2012 年 4 月执行的《江苏省耕地质量管理条例》规定，县级以上地方人民政府农业行政主管部门应当会同环境保护、水利行政主管部门建立耕地质量监测和评价制度，组织开展耕地质量监测与评价工作，还应当会同环境保护行政主管部门建立耕地质量监测网络和预警体系，对耕地地力和环境状况进行动态监测。耕地质量长期定位监测点应当设立永久性标志。设立耕地质量长期定位监测点的耕地质量工作机构应当与耕地使用者签订协议，就监测点的设立、保护、补偿等明确双方的权利义务。省人民政府农业行政主管部门应当会同环境保护、水利行政主管部门每五年组织开展一次全省耕地质量详查，评价耕地质量等级，建立耕地质量档案。县级以上地方人民政府农业行政主管部门应当会同环境保护、水利行政主管部门，向本级人民政府和上一级农业、环境保护、水利行政主管部门提交耕地质量监测、评价结果报告以及建设与保护建议。县级以上地方人民政府应当组织有关部门根据耕地质量变化情况采取相应措施。

当前耕地质量管理重点是抓好管理体系建设、质量变化动态监测、落实质量建设措施、增加资金投入和制定质量管理法规等。

一、建立耕地质量管理体系

目前，我国的耕地数量管理组织体系较为健全，但耕地的质量管理组织体系建设相对滞后。1980 年全国第二次土壤普查以后，在农业技术推广系统中增设了土壤肥料技术推广机构，对开展耕地质量建设发挥了重要作用。但由于该机构属于事业单位性质，其工作职能长期局限于技术指导服务的范围，对耕地质量行政管理的作用发挥得很小。农业行政管理体制中缺少明确的耕地质量管理机构，导致耕地的质量管理长期处于松弛状态。

加强耕地质量建设与管理必须首先明确管理主体，在农业行政主管部门内建立相应的管理体系，承担法律赋予的管理任务。可利用现有的土壤肥料技术推广体系，进一步充实力量，自上到下形成完整的耕地质量管理组织体系，明确其耕地质量建设的技术指导与依法管理的双重职能，规范管理程序，具体履行农业行政主管部门对耕地质量管理的义务。

二、建立耕地质量变化预警预报系统

耕地质量受社会经济、人类生产活动的影响很大，因此长期处于动态变化之中。建立耕地质量变化预警预报系统的目的是监视耕地地力和环境质量的变化动态，以便及时发现问题，指导耕地培肥、改良和环境整治工作。耕地质量变化预警预报系统主要包括搞好定位监测、收集动态变化信息，以及积累动态信息数据、建立计算机信息系统两个方面。

1. 耕地地力动态变化监测

耕地地力动态变化监测的目的是获取在常规生产条件下，耕地地力属性的变化情况和基础地力的变化趋势，以及应用耕地质量建设措施后耕地质量提高的效果，指导耕地的培肥。其工作内容包括监测点位的确定、监测内容的确定、田间设施建设及工作步骤等。

（1）监测点位的确定。按土壤类型分布、作物种植布局、生产区域分布等类型，选择相对稳定、便于管理的代表田块设监测点。为了确保监测点的长期稳定，点位应尽可能选择在基本农田保护区范围内。

（2）监测内容的确定。监测内容主要包括在常规生产条件下，耕地基础地力的变化动态和相应的耕地生产能力变化动态，以及新技术应用对提高耕地地力的效果。在选定的田块设长期不施肥区、常规生产区、新技术应用区三个主区，在常规生产区、新技术应用区再分设当年不施肥的副区，观察耕地地力年度变化的动态规律。

（3）田间设施建设。为了保证监测数据的精度，要严格做好各区的隔离设施，并做到各区单灌单排，进行田埂、灌排渠的规划建设，同时在监测点田块树立永久性标志牌。

（4）工作步骤。工作步骤分为制定方案、点位选择、基础土壤样品采集、田间设施建设、管理、田间观察、考查、每季档案记载、核产、植株样品和换季土样采集、化验分析、资料整理、总结等。

2. 耕地环境质量动态监测

环境质量监测的目的是及时掌握耕地的污染状况，确保农产品的食用安全。措施可结合地力监测同时进行，监测周围灌溉水的污染状况，并在监测点田块（区）内设置地下水采样井，监测农业生产对地下水的污染。与此同时，对重点污染企业周围布点，进行耕地土壤、灌溉水、农产品安全质量的采样监测。

3. 建立耕地质量计算机信息系统

应用耕地质量计算机管理软件，将耕地质量调查数据和监测资料输入系统，并通过每年监测更新数据资料。通过耕地动态变化信息的综合分析，进行耕地地力和环境质量变化的预警预报。

三、提高耕地质量建设措施的到位率

耕地质量的提高最终取决于技术措施的到位率。要继续加强耕地的灌排设施建设，提高抗灾能力；进行以田、林、路、渠为内容的耕地农田基本建设，改善外部条件；狠抓以增施有机肥、推广平衡施肥、补充微量元素肥料为内容的培肥技术，提高耕地地力的内在质量。制订耕地地力建设的年度实施规划，有计划地分期组织实施；强化行政推动力度，加快耕地质量建设的速度；开展耕地质量建设各项技术措施的示范引导，不断扩大推广应用范围。

四、增加对耕地质量建设的资金投入

随着工业经济的快速发展和城区建设的推进，大量耕地不断向非农用地流转，耕地数量的减少必须依靠质量的提高来加以弥补。从工业利润中提取部分资金用于耕地质量建设，提高现有耕地的生产能力。国家已明确了耕地质量建设的资金渠道，必须按规定增加对土地整理复垦、耕地质量建设和农田基本建设的投入，确保耕地质量建设和管理工作的顺利开展。

五、制定耕地质量建设的政策法规

1986 年 6 月 25 日，第六届全国人民代表大会常务委员会第十六次会议通过了《中华人民共和国土地管理法》，经 1988 年、2004 年和 2019 年三次修订；1998 年 12 月 27 日，国务院令第 257 号发布了《基本农田保护条例》，2011 年修订，它们明确了土地使用、管理的各项法律规定。按照这些法律规定，各地制定了具体的耕地质量管理办法，使耕地质量管理进入法制化轨道；制定了有利于耕地质量提高的各项激励和扶持政策，调动耕地使用者和管理者对耕地质量建设的积极性。

2008年11月26日江苏省颁布了《江苏省耕地质量监测管理办法》（2015年修订），2011年11月26日江苏省人民代表大会常务委员会发布了《江苏省耕地质量管理条例》。

第三节 耕地质量建设与保护

《江苏省耕地质量管理条例》要求县级以上地方人民政府应当加大投入，加强田间基础设施建设，强化地力培肥，提高土地综合生产能力。应当组织有关部门制定高标准农田建设目标，统筹规划，合理布局，按照排灌设施配套、土地平整肥沃、田间道路畅通、农田林网健全、耕作方式先进、产出效益较高的要求，加快高标准农田建设。县级以上地方人民政府应当组织有关部门和单位，开展中低产田改造、土地整治、滩涂盐碱地改良、灾毁耕地恢复、退化和污染耕地修复等工作，逐步提高耕地质量。实施高标准农田建设、中低产田改造、土地整治、滩涂盐碱地改良、灾毁耕地恢复、退化和污染耕地修复等涉及耕地质量建设项目的单位，应当采取措施提高地力，对可能遭到破坏的耕作层土壤进行剥离并恢复利用。耕地质量建设项目的主管部门应当加强项目实施的监督管理，并组织农业、国土资源、环境保护、水利等行政主管部门参加可行性论证和项目验收。新开发、复垦和整理耕地项目应当按照项目需要，安排相应资金用于地力建设。县级以上地方人民政府农业行政主管部门应当做好新开发、复垦和整理耕地的地力建设的指导工作。地方各级人民政府应当鼓励和扶持耕地使用者应用测土配方施肥、保护性耕作等技术，开展秸秆还田，合理种植绿肥，增施有机肥料，提高土壤有机质含量，改善农田生态环境。鼓励商品有机肥和有机无机复混肥的生产、推广和使用。

条例要求加强耕地质量保护。耕地使用者应当保护和合理利用耕地，保持和培肥地力。土地承包经营权流转后，受让方应当承担耕地质量保护的义务。禁止任何单位和个人损毁或者非法占用田间基础设施。村民委员会、居民委员会、农村集体经济组织应当组织耕地使用者维护田间基础设施，改善耕作条件。建设项目应当避免损毁周边耕地的耕作层以及田间基础设施；无法避免的，建设单位或者个人应当进行修复。设区的市、县（市、区）人民政府应当组织农业、国土资源行政主管部门，按照国家有关规定，对土地利用总体规划确定的建设用地规模范围内的耕地编制耕作层土壤再利用方案。耕作层土壤再利用方案应当包括耕作层土壤剥离要求，用于新开垦耕地、复垦耕地、劣质地或者其他耕地的要求，以及耕作层土壤管理措施。建设项目经批准占用耕地的，耕地占用单位应当按照设区的市、县（市、区）人民政府提出的要求剥离耕作层土壤。耕地使用者应当安全合理地使用肥料、农药、农用薄膜等农业投入品，及时回收非降解残膜和投入品包装物，不得使用依法应当登记而未登记的肥料、农药，防止对耕地造成污染。县级以上地方人民政府农业行政主管部门应当指导耕地使用者安全合理使用农业投入品。任何单位和个人不得违法向耕地排放或倾倒废水、废气、固体废弃物，耕地使用者不得使用未经无害化处理或经处理后仍不符合国家规定要求的污泥以及其他有机废弃物，防止重金属、持久性有机污染物以及其他有毒有害物质污染耕地。对遭受污染的耕地，县级以上地方人民政府环境保护行政主管部门应当会同农业行政主管部门提出治理方案，并监督有关责任单位或个人实施。耕地灌溉用水应当符合国家农业用水质量标准。县级以上地方人民政府环境保护、水利行政主管部门应当加强水质监测，发现灌溉用水水质不符合国家农业用水质量标准的，应当及时报告本级人民政府，并采取治理和补救措施。地方各级人民政府应当采取工程、生物和农艺等措施，对耕地水土流失、次生盐渍化、酸化等进行综合防治，保护和改善耕地生态环境。高标准农田应当划入基本农田保护区，按照基本农田保护法律、法规的规定实行特殊保护。

第九章

9

耕地污染防治

土壤是人类生存的基本、兴国安邦的战略资源。随着工业化、城区化、农业集约化的快速发展，大量未经处理的废弃物向土壤系统转移，并在自然因素的作用下汇集、残留于土壤环境中。据估计，我国受农药、重金属等污染的土壤面积达上千万平方公里，其中矿区污染土壤达 200 万 hm^2、石油污染土壤约 500 万 hm^2、固废堆放污染土壤约 5 万 hm^2，已对我国生态环境质量、食品安全和社会经济持续发展构成严重威胁。土壤污染物质的种类主要有重金属、硝酸盐、农药及持久性有机污染物、放射性核素、病原菌/病毒及异型生物质等。按污染物性质，可分为无机污染、有机污染及生物污染三大类型。根据环境中污染物的存在状态，可分为单一污染、复合污染及混合污染等。依据污染物来源，可分为农业物资（化肥、农药、农膜等）污染型、工企三废（废水、废渣、废气）污染型及城区生活废物（污水、固废、烟/尾气等）污染型。按污染场地（所），又可分为农田、矿区、工业区、老城区及填埋区等土壤污染退化场所。我国土壤污染退化问题已从局部蔓延到区域，从城区、城郊延伸到乡村，从单一污染扩展到复合污染，从有毒有害污染发展至有毒有害污染与 N、P 营养污染的交叉，形成点源与面源污染共存，生活污染、农业污染和工业污染叠加，各种新旧污染与二次污染相互复合或混合的态势。由此可见，我国土壤污染退化已表现出多源、复合、量大、面广、持久、毒害大的现代环境污染特征，正从常量污染物转向微量持久性毒害污染物，尤其在经济快速发展地区。

第一节 耕地污染概况

我国目前的耕地污染状况是在经济社会发展过程中，由于长期粗放型、高污染的经济增长方式，以及农业生产中农药、化肥、农膜的不规范使用累积形成的。2005 年4 月至 2013 年 12 月，我国开展了首次全国土壤污染状况调查。调查范围为中华人民共和国境内（未含香港特别行政区、澳门特别行政区和台湾地区）的陆地国土，调查点位覆盖全部耕地，部分林地、草地、未利用地和建设用地，实际调查面积约 630 万 km^2。调查采用统一的方法、标准，基本掌握了全国土壤环境质量的总体状况。2007 年，国土资源部的调查显示，受污存量耕地有 0.1 亿 hm^2之多，占当时我国存量耕地的 1/10。到了 2013 年，数据显示我国受污染的耕地面积已占全国总耕地面积的 1/6。

2014 年 4 月，环境保护部和国土资源部联合颁布的《全国土壤污染状况调查公报》指出，我国土壤污染状况总体不容乐观，部分地区土壤污染较重，耕地土壤环境质量堪忧，工矿业废弃地土壤污染问题突出。工矿业、农业等人为活动以及土壤环境背景值高是造成土壤污染或点位超标的主要原因。全国土壤总的超标率为 16.1%，其中轻微、轻度、中度和重度污染点位比例分别为 11.2%、2.3%、1.5%和 1.1%。污染类型以无机型为主，有机型次之，复合型污染比重较小，无机污染物超标点位数占全部超标点位的 82.8%。从污染分布地域情况看，南方土壤污染重于北方；长江三角洲、珠江三角洲、东北老工业基地等部分区域土壤污染问题较为突出，西南、中南地区土壤重金属超标范围较大；镉、汞、砷、铅 4 种无机污染物含量分布呈现从西北到东南、从东北到西南逐渐升高的态势。

从全国来看，镉、汞、砷、铜、铅、铬、锌、镍 8 种无机污染物点位超标率分别为 7.0%、1.6%、2.7%、2.1%、1.5%、1.1%、0.9%、4.8%。六六六、滴滴涕、多环芳烃 3 类有机污染物点位超标率分别为 0.5%、1.9%、1.4%。

20 世纪 90 年代的十年间，我国每年农膜使用量达到 100 万 t 以上，而近年来农膜使用量每年近乎是十年前的两倍，覆盖面积达到我国耕地土壤面积的 1/10，约 0.1 亿 hm^2，无论是农膜使用量还是农膜覆盖面积我国一直居于世界首位。根据农业农村部调查结果，我国目前使用的农膜残留量一般为 70～80 kg/hm^2，最极端情况下达到近 170 kg/hm^2，同时，农膜残留量还会随使用时间的延长而同步增长。

全国农田污染情况总体如下：

耕地：土壤点位超标率为 19.4%，其中轻微、轻度、中度和重度污染点位比例分别为 13.7%、2.8%、1.8%和 1.1%，主要污染物为镉、镍、铜、砷、汞、铅、滴滴涕和多环芳烃。

林地：土壤点位超标率为 10.0%，其中轻微、轻度、中度和重度污染点位比例分别为 5.9%、1.6%、1.2%和 1.3%，主要污染物为砷、镉、六六六和滴滴涕。

草地：土壤点位超标率为 10.4%，其中轻微、轻度、中度和重度污染点位比例分别为 7.6%、1.2%、0.9%和 0.7%，主要污染物为镍、镉和砷。

未利用地：土壤点位超标率为 11.4%，其中轻微、轻度、中度和重度污染点位比例分别为 8.4%、1.1%、0.9%和 1.0%，主要污染物为镍和镉。

2014 年公开资料表明，镇江地区表层土壤环境中镍含量为 20.3～99.8 mg/kg，汞含量为 0.03～0.82 mg/kg，与江苏省土壤环境背景值相比，均有一定程度的富集。大气降尘污染是耕地镍和汞的重要来源。资料还表明，镇江市土壤中镉含量为 0.06～1.37 mg/kg，铜含量为 19.2～273 mg/kg，铅含量为 20.6～3 846 mg/kg。与全省土壤环境背景值相比，有一定程度的富集。结合镇江地区的产业结构分析，电镀行业是土壤镉污染的主要来源，道路运输、农药化肥在一定程度上也加重了污染。

2017 年 7 月，镇江市人民政府颁布实施了《镇江市土壤污染防治工作方案》，提出要着眼社会发展全局，以摸清土壤污染底数为基础，以改善土壤环境质量为核心，以保障农产品质量和人居环境安全为出发点，坚持预防为主、保护优先、风险管控，严防新增土壤污染，逐步减少存量，形成政府主导、企业担责、公众参与、社会监督的土壤污染防治体系，促进土壤资源永续利用，确保实现与全面小康相适宜的环境目标，为镇江市建成“强富美高”的现代化山水花园城市奠定坚实基础。方案提出到 2020 年，镇江市土壤环境质量总体保持稳定，农用地和建设用地土壤环境安全得到基本保障，土壤环境风险得到基本管控；到 2030 年，镇江市土壤环境质量稳中向好，农用地和建设用地土壤环境安全得到有效保障，土壤环境风险得到全面管控；到 21 世纪中叶，镇江市土壤环境质量全面改善，生态系统实现良性循环。

第二节 耕地污染防治举措

一、防治结合

耕地污染防治重在“防”，以风险管控和安全利用为主，对可能在未来造成新的污染的行为进行控制和归责。“测是基础，防是重点”。一方面，在保障国家 18 亿亩耕地红线不动摇的战略下，对于没有被污染的耕地，严格执行国家与环保有关的法律法规，严格预防和控制各污染主体的污染行为，保障现有耕地的质量不下降，并运用合理的技术和方法进一步提高现有耕地的质量。另一方面，对于已经污染的耕地，首先，在 2015 年中国耕地地球化学报告的基础上，精确地划定污染边界，在重点污染地区加大加快调查精度，精确圈定污染的确切范围；其次，查明土壤中重金属来源，要有针对性地实行源头控制与治理，尤其是切断人为污染源；再次，要开展风险评价，实行分区、分类、分级管理，明确哪些污染地块需要治理；最后，根据土地利用类型，确定修复目标值，研发经济实用的修复治理方法及技术。同时，尽快建立耕地质量信息动态监测系统。

二、建立和完善耕地污染防治的法律法规体系

江苏、湖南、吉林等省分别出台了《耕地质量保护条例》，由中央财政和地方财政拨出一定的资金用于测土配方施肥、耕地质量检测及有机肥补贴等方面，以保护耕地质量。但由于立法层次低，财政资金拨款不足，耕地质量保护的力度有限，且在全国范围来看各地专门针对耕地污染治理的法律法规较少，所以可根据“谁污染、谁治理”的规则，加快耕地污染防治的立法体系建设，从法律层面推进污染责任主体进行污染防治的主动性和积极性。

在土壤污染防治法律法规建设层面上，部分土壤污染防治措施规定分散在有关环境保护、固体废物、土地管理、农产品质量安全等的法律中，这些规定十分分散，缺乏系统性，其针对性和可操作性不强，无法满足土壤污染防治工作的客观需要，导致土壤污染防治工作无法系统有序地进行，使得土壤污染防治工作的效果大打折扣。同时，土壤污染所具有的隐蔽性、滞后性、累积性和地域性，以及治理难、周期长等特点，导致土壤污染防治工作具有复杂性。要解决以上这些问题，需要一套系统、综合的法律对策，构建专门的法律制度，采取可操作的措施。2018 年 8 月 31 日，十三届全国人大常委会第五次会议表决通过了《中华人民共和国土壤污染防治法》（以下简称《土壤污染防治法》），自 2019 年 1 月 1 日起施行，这也意味着我国土壤污染防治专项法律的空白被填补。《土壤污染防治法》在以预防为主、保护优先、风险管控、分类管理、污染担责、公众参与原则的基础上，明确了土壤污染防治规划，土壤污染风险管控标准，土壤污染状况普查和监测，土壤污染预防、保护、风险管控和修复等方面的基本制度和规则。

三、拓宽耕地污染治理的资金来源

耕地污染治理所需的巨额成本是任何一个单一的经济主体都无法承担的，政府部门在耕地污染治理方面应承担起主要责任。对于已经污染且无法追究污染责任人责任或者责任主体无力支付修复费用的耕地，可借鉴美国（美国“超级基金”）、德国治污基金（德国土壤污染基金）筹集模式，基金资金来源于中央财政拨款、地方财政拨款、土壤污染税、环境污染罚没收入、危险废弃物制造者特别收费等与耕地污染有关的税费收入，实现耕地污染治理资金来源渠道的多样化。

《土壤污染防治法》提出：首先，土壤污染防治基金分两类，一类是中央土壤污染防治专项资金，另一类是省级土壤污染防治基金。其次，基金的用途分为三种，一是农用地土壤污染防治；二是在土壤污染责任人或者土地使用权人无法认定时，土壤污染风险管控和修复；三是政府规定的其他事项。

四、实施绿色生产行为补贴

与其对农业生产者的耕地污染行为实施严格的过程监督和管理，迫使其采用安全、生态的生产行为，不如通过有效的方式和方法激励农业生产者主动采用环保、生态的生产行为。绿色农业具有正向的外部性特征，因此开展财政补贴才能够有效刺激农户的绿色生产行为。在美国，“可持续农业”发展战略从20世纪90年代开始实施“绿色补贴”试点工作，设置了一些强制性条件，要求受补贴农民必须检查自身的环保行为，定期调查其农场所属区域的野生资源、森林、植被情况，检验土壤、水、空气，并根据农民的环保实施质量开展补贴。可以说，一切为保护农业生态环境实施的行为都可以得到美国政府的财政补贴。同样，在日本发展的“环境保全型”农业规定，与农业环境保护密切相关的活动都可能获得政府的政策支持，支持的方式主要有无息贷款、税款返还、资金补贴等金融、税收方面的优惠政策，以保障绿色农户的收益。

五、减少耕地生活污染源

第一，要加大对居民垃圾分类知识的宣传，让居民合理区分可回收垃圾和不可回收垃圾，提高居民垃圾分类意识。第二，实施有偿垃圾回收，提高居民垃圾分类的积极性。第三，提高居民生活垃圾污染行为的成本，可借鉴超市向居民有偿提供塑料袋的做法，对于可回收垃圾应事先收取垃圾处理费，只有该垃圾有效回收后，才返还已收取的垃圾处理费。

第三节 耕地污染预防措施

一、科学地利用污水灌溉农田

废水种类繁多，成分复杂，有些工业废水可能是无毒的，但与其他废水混合后，即变成有毒废水。因此，利用污水灌溉农田时，必须符合《不同灌溉水质标准》，若不符合，则必须处理至符合标准要求后方可用于灌溉农田。

二、合理使用农药

科学使用农药能够有效消灭农作物病虫害，发挥农药的积极作用。合理使用农药是指严格按《农药管理条例》的各项规定进行保存、运输和使用。使用农药的工作人员必须了解农药的有关知识，合理确定不同农药的使用范围、喷施次数、施药时间及用量等，尽可能减轻农药对土壤的污染。积极发展高效低残留农药，如拟除虫菊酯类农药，这将有利于减轻农药对土壤的污染。禁止使用残留时间长的农药，如六六六、滴滴涕等有机氯农药。

三、积极推广生物防治病虫害方法

为了既能有效地防治农业病虫害又能减轻化学农药对土壤的污染，要积极推广生物防治方法，利用益鸟、益虫和某些病原微生物来防治农林病虫害。例如，保护各种以虫为食的益鸟；利用赤眼蜂、七星瓢虫、蜘蛛等益虫来防治各种粮食、棉花、蔬菜、油料作物及林业病虫害；利用杀螟杆菌、青虫菌等微生物来防治玉米螟、松毛虫等。利用生物方法防治农林病虫害具有经济、安全、有效和不污染的特点。

四、提高公众的土壤保护意识

土壤保护意识是指特定主体对土壤保护的思想、观点、知识和心理的认识，包括特定主体对土壤本质、作用、价值的看法，对土壤的评价和理解，对利用土壤的理解和衡量，对土壤保护权利和义务的认识，以及特定主体的理念。在开发和利用土壤的时候，应进一步加强舆论宣传工作，使广大干部群众都知道土壤问题是关系到国泰民安的大事；让农民和基层干部充分了解当前严峻的土壤形势，唤起他们的忧患感、紧迫感和历史使命感。

第四节 耕地污染治理技术

耕地是发展农业所必不可少的根基，是宝贵的、不可再生的资源，更是生态环境重要的、不可分割的一部分。伴随着我国经济环境、社会环境的不断发展，我国耕地环境却不容乐观。耕地污染增加了社会稳定成本，对我国经济、生态和社会都会造成严重的负面影响，因此改善当前我国的耕地及周边环境，寻求耕地污染防治的相关措施势在必行。

耕地污染防治是防止耕地遭受污染和对已污染耕地进行改良、治理的活动。耕地保护应以预防为主。预防的重点应放在对各种污染源排放进行浓度和总量的控制方面；对农业用水进行经常性监测、监督，使之符合农田灌溉水质标准；合理施用化肥、农药，慎重使用下水污泥、河泥、塘泥；利用城区污水灌溉时，必须进行净化处理；推广病虫草害的生物防治和综合防治方法，以及整治矿山，防止矿毒污染等。

一、生物修复污染土壤

土壤污染物质可以通过生物降解或植物吸收而被净化。蚯蚓是一种能提高土壤自净能力的动物，利用它还能处理城区垃圾和工业废弃物，以及农药、重金属等有害物质。因此，蚯蚓被人们誉为“生态学的大力士”和“净化器”等。也可以利用植物吸收去除污染：严重污染的土壤可改种某些非食用性植物如花卉、林木、纤维作物等，也可种植一些非食用性的吸收重金属能力强的植物，如羊齿类铁角蕨属植物对土壤重金属有较强的吸收聚集能力，对镉的吸收率可达到10%，连续种植多年能有效降低土壤含镉量。还可以积极推广使用农药污染的微生物降解菌剂，以减少土壤中农药残留量。

二、化学方法治理污染土壤

对于重金属轻度污染的土壤，使用化学改良剂可使重金属转为难溶性物质，减少植物对它们的吸收。酸性土壤施用石灰可提高土壤pH值，使镉、锌、铜、汞等形成氢氧化物沉淀，从而降低它们在土壤中的浓度，减少对植物的危害。对于硝态氮积累过多并已流入地下水体的土壤，一则应大幅度减少氮肥施用量；二则应配施脲酶抑制剂、硝化抑制剂等化学抑制剂，以控制硝酸盐和亚硝酸盐的大量累积。

三、增施有机肥料

增施有机肥料可增加土壤中有机质含量，既能改善土壤理化性质特别是土壤胶体性质，又能增大土壤容量，提高土壤净化能力。受到重金属和农药污染的土壤，施有机肥料可增加土壤胶体对重金属和农药的吸附能力，同时土壤中腐殖质可络合污染物质，显著提高土壤钝化污染物的能力，从而减弱其对植物的毒害。

四、调控土壤氧化还原条件

土壤氧化还原状况在很大程度上影响着重金属变价元素在土壤中的行为，能使某些重金属污染物转化为难溶态沉淀物，控制其迁移和转化，从而降低污染物的危害程度。调节土壤氧化还原电位即Eh值，主要通过调节土壤水、气比例来实现。在生产实践中往往通过土壤水分管理和耕作措施来实施，如水田淹灌，土壤 Eh 值降至 160 mV 时，许多重金属都可生成难溶性的硫化物而降低其毒性。

五、改变轮作制度

改变耕作制度会引起土壤条件的变化，可消除某些污染物的毒害。据研究，实行水旱轮作是减轻和消除农药污染的有效措施。如滴滴涕、六六六农药在棉田中的降解速度很慢，残留量大，而棉田改水田后可大大加速滴滴涕和六六六的降解。

六、换土和翻土

对于轻度污染的土壤，可采取深翻土或换无污染的客土的方法；对于污染严重的土壤，可采取铲除表土或换客土的方法。这种方法的优点是改良较彻底，适用于小面积改良。但对于大面积污染土壤，这种方法非常费时费力，难以推行。

七、实施针对性措施

对于重金属污染土壤的治理，主要通过生物修复、使用石灰、增施有机肥、灌水调节土壤 Eh 值、换客土等措施降低或消除污染。对于有机污染物的防治，主要通过增施有机肥料、使用微生物降解菌剂、调控土壤 pH 值和 Eh 值等措施加速污染物的降解，从而消除污染。总之，按照“预防为主”的环保方针，防治土壤污染的首要任务是控制和消除土壤污染源，防止新的土壤污染发生；对已污染的土壤，要采取一切有效措施，清除土壤中的污染物，改良土壤，防止污染物在土壤中的迁移和转化。

第五节 镇江市土壤污染防治工作方案

2017 年 8 月，镇江市颁布实施了市级土壤污染防治工作方案。方案提出，镇江市到 2020 年，受污染耕地安全利用率达到 90%以上，污染地块安全利用率达到 90%以上；轻度和中度污染耕地实现安全利用的面积、重度污染耕地种植结构调整或退耕还林还草面积、受污染耕地的治理与修复面积均达到省统一要求。到 2030 年，受污染耕地安全利用率达到 95%以上，污染地块安全利用率达到 95%以上。

一、全面开展土壤污染调查与监测

1. 开展土壤污染状况详查

根据国家和江苏省土壤污染状况详查的统一要求，在现有环保、农业、国土等部门组织开展的土壤相关调查工作的基础上，以重点行业企业用地和农用地为重点，启动土壤污染状况详查。根据国家和江苏省土壤环境质量状况定期调查制度，每 10 年开展 1 次调查。针对有色金属矿采选、有色金属冶炼、石油加工、化工、焦化、电镀、制革，以及农药、铅酸蓄电池、钢铁、危险废物利用处置等重点行业的在产企业用地、尚未再开发利用的已关闭搬迁企业遗留地块，从 2017 年起开展详查工作。按照土壤污染重点行业企业筛查和空间位置遥感核实等统一技术规定，排查和确定重点行业在产企业和尚未再开发利用的关闭搬迁企业疑似污染地块。2020 年底前掌握镇江市土壤污染状况、污染地块分布及其环境风险情况。

按污染程度将农用地划为优先保护类、安全利用类、严格管控类三类。根据《农用地土壤环境质量类别划分技术指南（试行）》，以土壤污染状况详查结果为依据，开展耕地土壤和农产品协同监测评价，有序推进耕地土壤环境质量类别划定工作。有条件的地方，逐步开展林地、园地等其他农用地土壤环境质量类别划定工作。2020 年底前建立分类清单，划定结果报镇江市人民政府审定。划定结果上传至土壤环境信息化管理平台，并根据土地利用变更和土壤环境质量变化情况，定期更新。

2. 建设镇江市土壤环境质量监测网络

统一规划、整合优化镇江市土壤环境质量监测点位。完成镇江市国控监测点位设置；结合土壤详查情况，在粮（油）主产区、重金属重点防控区、主要果蔬菜种植基地、主要畜禽养殖场、大型交通干线两侧、固体废物集中处置场及周边地区、重点信访区域等重点区域，补充设置监测点位，逐步完善镇江市土壤环境质量监测网络，实现土壤环境质量监测点位所有辖市（区）全覆盖。加强土壤环境质量监测点位动态优化管理，充分结合土地利用规划和用途变化情况，定期对点位进行动态优化调整，确保监测点位设置的科学性和代表性。

3. 形成土壤环境质量例行监测制度

在已有土壤环境例行监测试点基础上，全面开展镇江市土壤环境例行监测，每 5 年完成一次例行监测，重点监测土壤中铬、铅、镉、汞、砷等重金属和多环芳烃、石油烃等有机污染物，各辖市（区）可根据区域特点增加特征污染物监测项目，提高监测频次。在永久性“菜篮子”工程蔬菜基地等重点农业生产区同步监测土壤和农产品中有毒有害物质含量。提高镇江市土壤环境和污染源监测能力，进一步提升土壤环境监测技术装备水平，组织监测技术人员参加省环保主管部门每年开展的土壤环境监测技术人员培训。

4. 提高土壤环境信息化管理水平

充分利用环境保护、国土资源、农业等部门相关的土壤环境质量监测、污染源排放、耕地质量监测、农产品质量检测、土地利用现状等数据，建立土壤环境基础数据库，充分发挥土壤环境信息化管理平台的大数据服务功能。不断拓宽数据获取渠道，重视数据动态更新，加强数据共享，编制资源共享目录，明确共享权限和方式，增强土壤环境大数据在污染防治、城乡规划、土地利用、农业生产中的作用。

二、坚决控制新增土壤污染

1. 强化空间布局管控

严守生态红线，在红线区域实施严格的土地用途管制和产业退出制度。积极实施主体功能区战略，全面落实《江苏省主体功能区规划》和《镇江市主体功能区实施规划》，健全财政、投资、产业、土地、人口、环境等配套政策和各有侧重的绩效考核评价体系，加快推进形成“一廊一带两片”的生态安全格局。加强对生产力布局和资源环境利用的空间引导与约束，推进重点行业企业“入园进区”。落实最严格的耕地保护制度和节约用地制度，开展建设用地总量与强度“双控”行动，提高土地节约集约利用水平。

严格执行国家对相关行业企业布局选址的要求，禁止在居民区、学校、医疗和养老机构等周边新建有色金属冶炼、焦化等行业企业；大力推进新型城镇化与城乡发展一体化、优化城乡空间布局，加快城区老工业区搬迁改造，结合产业结构调整、化解过剩产能等要求，有序搬迁或依法关闭对土壤造成严重污染的现有企业。结合区域功能定位和土壤污染防治需要，科学布局生活垃圾处理、污泥处理处置、危险废物处置、废旧资源再生利用等设施和场所，各地要推进废弃物集中处置措施，支持具备条件的企业开展工业生产过程协同处理城市及产业废弃物。合理确定畜禽养殖布局和规模。

2. 防范建设用地新增污染

严格项目准入制，严防影响土壤环境质量的高污染企业转入。排放重点污染物的建设项目在开展环境影响评价时，应根据《环境影响评价技术导则》增加对土壤环境影响的评价内容，并提出防范土壤污染的具体措施；建设项目必须严格执行环保“三同时”制度，需要建设的土壤污染防治设施，要与主体工程同时设计、同时施工、同时投产使用；各地环境保护部门要做好相关措施落实情况的监督管理工作。根据属地原则，各地人民政府要与辖区内重点行业企业签订土壤污染防治责任书，明确相关措施和责任，责任书向社会公开。

3. 切实加大耕地保护力度

各地要将符合条件的优先保护类耕地划为永久基本农田，实行严格保护，确保其面积不减少、土壤环境质量不下降，除法律规定的重点建设项目选址确实无法避让外，其他任何建设不得占用。产粮（油）大市（区）人民政府要制定土壤环境保护方案，需要报市人民政府备案。高标准农田建设项目向优先保护类耕地集中的地区倾斜。督促农村土地流转受让方切实履行土壤保护的责任，避免因过度施肥、滥用农药等掠夺式农业生产方式造成土壤环境质量下降。因地制宜推行种养结合、秸秆还田、增施有机肥、少耕免耕等措施，提升耕地质量，优先发展绿色优质农产品。密切跟踪例行监测结果，及时排查农产品质量出现超标的优先保护类耕地，及时实施安全利用类措施。

严格控制在优先保护类耕地集中区域新建有色金属冶炼、石油加工、化工、焦化、电镀、制革等行业企业，现有相关行业企业要采用新技术、新工艺，加快提标升级改造步伐。

4. 加强长江沿岸等未利用地环境管理

按照科学有序原则开发利用未利用地，防止造成土壤污染。拟开发为农用地的，各地人民政府要组织开展土壤环境质量状况评估；不符合相应标准的，不得种植食用农产品。各地要加强纳入耕地后备资源的未利用地保护，定期开展巡查。依法严查向长江沿岸等未利用地非法排污、倾倒有毒有害物质的环境违法行为。各地人民政府要切实加强对县级以上集中式饮用水水源地周边土壤的保护和管理。

三、加大现有污染源管理力度

1. 加强工业企业日常环境监管

根据属地管理原则，主要针对铬、铅、镉、汞、砷等重金属和多环芳烃、石油烃等有机污染物，各辖市（区）要梳理排放相应污染物的重点行业企业，确定土壤环境重点监管企业名单和工业园区名单，按年度动态更新，并向社会公布。列入名单的企业每年要自行或委托有资质的环境检测机构，对其用地进行土壤和地下水环境监测，结果向社会公开。各辖市（区）环保部门定期对辖区内重点监管企业和工业园区周边开展土壤和地下水环境监测，每5年完成一遍，各地可以根据实际情况适当增加频次。监测数据及时上传至江苏省土壤环境信息化管理平台，结果作为环境执法和风险预警的重要依据；土壤环境质量出现恶化时，相关责任方应及时采取应对措施，进行风险管控。

2. 防范企业拆除活动污染土壤

各类企业，特别是有色金属冶炼、石油加工、化工、焦化、电镀、制革等重点行业企业，拆除生产设施设备、构筑物、地下管线和污染治理设施时，要事先制定残留污染物清理和安全处置方案，并报所在地县级环保、经济和信息化部门备案；要严格按照有关规定实施安全处理处置，防范拆除活动污染土壤。

3. 严防矿产资源开发污染土壤

全面整治历史遗留尾矿库，完善覆膜、压土、排洪、堤坝加固等隐患治理和闭库措施。重点监管尾矿库企业，要开展环境风险评估，完善污染治理设施，储备应急物资。加强对矿产资源开发利用活动的辐射安全监管，有关企业每年要对本厂区土壤进行辐射环境监测。加强对伴生放射性矿开发利用企业的放射性废渣、废水的监管。

4. 加强工业废物处理处置

全面排查、整治工业副产石膏、粉煤灰、赤泥、冶炼渣、电石渣、铬渣、砷渣，以及脱硫、脱硝、除尘中所产生的固体废物的堆存场所，完善防扬散、防流失、防渗漏等设施。加强电器电子、汽车等工业产品中有害物质的控制。对电子废物、废轮胎、废塑料等的再生利用活动进行清理整顿，集中建设和运营污染治理设施，防止污染土壤和地下水。大力加强固体废物处理处置技术研发及推广，鼓励有条件区域开展非危险废物污染土壤水泥窑协同处置等资源化综合利用项目建设。选择有条件的区域开展污水与污泥、废气与废渣协同治理试点。

5. 强化电镀等涉重金属行业污染防控

严格执行重金属污染物排放标准并落实相关总量控制指标，加大监督检查力度，对整改后仍不达标的企业，依法责令其停业、关闭，并将企业名单向社会公开。提高铅酸蓄电池等行业落后产能淘汰标准，逐步退出落后产能行业。继续推行电镀、铅酸蓄电池等重点涉重行业开展清洁生产审核。逐步淘汰普通照明白炽灯。在丹阳市、扬中市、镇江新区华科生态电镀专业区、丹阳市沿江生态电镀环保园区等重金属重点防控区开展专项整治，有关辖市（区）人民政府组织制定专项整治方案。

6. 控制农业面源污染

合理使用化肥农药。推广高效低毒低残留农药和现代植保药械，推行绿色防控和专业化统防统治，提高科学用药水平。鼓励农民增施有机肥，减少化肥使用量。严禁将城镇生活垃圾、污泥、工业废物直接用作肥料。全面推广农业清洁生产，探索建立长效运行机制，推广成熟适用的农业面源污染防治关键技术和模式，提升农业废弃物资源化利用水平。到2020年，镇江市主要农作物化肥施用总量（折纯）较2015年削减5%、农药使用量实现零增长，化肥利用率提高到40%以上，测土配方施肥技术推广覆盖率提高到90%以上。

加强农药包装废弃物回收处理。根据相关管理要求制定具体实施办法。选择句容市开展试点，到2020年，推广到镇江市所有产粮（油）大市（区）。

加强废弃农膜回收利用。严厉打击违法生产和销售不合格农膜的行为，试点建立废旧农膜回收机制，建立废旧农膜回收利用管理体系，鼓励企业参与回收。扶持一批废旧农膜回收加工及再利用企业，探索建立试点区域的企业、农户及专业合作组织回收残膜补贴机制。

推进畜禽养殖污染防治。严格规范兽药、饲料添加剂的生产和使用，防止有害成分通过畜禽养殖废弃物还田对土壤造成污染。采取政府购买社会化服务，或者政府支持农业生产者购买社会化服务等方式，支持探索畜禽粪污有效储存、收运、处理、综合利用全产业链发展的有效模式。积极推进种养结合、农牧循环发展，以丹徒区、句容市为试点，做好种养业有机结合、循环利用发展工作。到2020年，规模化养殖场、养殖小区配套建设废弃物处理设施比例达到80%以上。

加强灌溉用水功能区管理。开展灌溉用水功能区水质监测，组织推进水功能区达标建设，改善永久性“菜篮子”工程蔬菜基地等重点农业生产区的灌溉水水质。灌溉用水应符合农田灌溉水水质标准。对因长期使用污水灌溉导致土壤污染严重、威胁农产品质量安全的，要及时调整种植结构。

7. 减少生活污染

建立政府、社区、企业和居民协调机制，统筹建设建筑垃圾、餐厨废弃物、农贸市场有机垃圾、园林绿化垃圾等的末端处理设施及收运体系，进一步开展生活垃圾分类投放收集试点工作，促进垃圾减量化、资源化、无害化。健全村庄环境长效管护制度，完善“组保洁、村收集、镇转运、县处理”的城乡统筹生活垃圾处理体系。加强对垃圾填埋场和垃圾焚烧厂运行的监管，提高环卫行业信息化管理水平。各辖市（区）要全面排查简易垃圾填埋（堆放）场，对其进行规范化封场，全面治理积存垃圾，对土壤和地下水造成污染的，应立即采取管控措施。深入实施“以奖促治”政策，扩大农村环境连片整治范围，实施农村生活污水治理工程。统筹布局垃圾处理处置设施建设，推进垃圾向资源化集约利用转变。

加快建设区域性城镇污水处理厂污泥综合利用或永久性处理处置设施，2017年底前市区建成污泥综合利用或永久性处理处置设施，2020年底前实现各辖市（区）永久性污泥处理处置设施全覆盖，无害化处理处置率达到100%。鼓励社会环境资源协同处理处置污泥。鼓励城市园林绿化优先采购处理达标后的污泥制肥产品。鼓励污泥厌氧消化沼气用于发电上网、汽车加气或城市燃气并网。积极推行建筑垃圾集中处理和分级利用，加快建筑垃圾资源化利用技术和装备的推广。强化废氧化汞电池、镍镉电池、铅酸蓄电池和含汞荧光灯管、温度计等含重金属废物的分类收集和安全处置。减少过度包装，鼓励使用环境标志产品。

四、加强农用地安全利用

1. 保障受污染农用地的安全利用

以耕地为重点，采取相应管理措施，保障农产品质量安全。根据土壤污染状况和农产品超标情况，安全利用类耕地集中的地区要结合当地主要作物品种和种植习惯，制定实施受污染耕地安全利用方案，采取农艺调控、替代种植等措施，降低农产品超标风险。对位于工业企业周边、重金属重点防控区周边、城市郊区、污水灌区、交通要道两边等区域的水稻、小麦、蔬菜等敏感作物开展重金属专项检测，实施风险管控。定期开展农产品质量检测，实施跟踪监测，根据治理效果及时优化调整治理措施。推动制定超标农产品应急处置措施，对农产品质量暂未达标的安全利用类耕地开展治理期农产品临田检测，对未达标农产品实施无害化处理或销毁，严禁污染物超标农产品进入流通市场，确保“舌尖上”的安全。加强对农民、家庭农场、农民合作社的技术指导和培训，引导和鼓励各类为农服务组织开展专业化、社会化服务，通过科学化、专业化的生产，减少产地污染，提升农产品安全生产水平。建立污染农用地责任追究制度，落实“谁污染、谁补偿”原则，保护公民和农村集体组织合法利益。

2. 严格管控重污染耕地用途

加强对严格管控类耕地的用途管理，依法划定特定农产品禁止生产区域，严禁种植食用农产品；对威胁地下水、饮用水水源安全的，有关县（市、区）要制定环境风险管控方案，并落实有关措施。研究将严格管控类耕地纳入国家新一轮退耕还林还草实施项目范围，制定实施重度污染耕地种植结构调整或退耕还林还草计划。实行耕地轮作休耕制度试点。

3. 加强果园茶园等土壤环境管理

严格控制林地、草地、茶园、果园的农药使用量，禁止使用高毒高残留农药。加大生物农药、引诱剂推广力度。加强对重度污染林地、茶园、果园产出食用农（林）产品的质量检测，发现超标的，要采取种植结构调整等措施。

五、实施建设用地准入管理

1. 落实建设用地调查评估制度

对拟收回土地使用权的重点行业企业用地，以及用途拟变更为居住和商业、学校、医疗、养老机构等公共设施的上述企业用地，由土地使用权人负责开展土壤环境状况调查评估；已经收回的，由所在地人民政府负责开展调查评估。重度污染农用地转为城镇建设用地的，由所在地人民政府负责组织开展调查评估。调查评估结果报送市（辖市、区）级环境保护、城乡规划、国土资源部门备案。

2. 分用途明确建设用地管理要求

各地要结合土壤污染状况详查情况，根据建设用地土壤环境调查评估结果，逐步建立污染地块名录及其开发利用的负面清单，合理确定土地用途，相关信息上传至江苏省土壤环境信息化管理平台。符合相应规划用地土壤环境质量要求的地块，可进入用地程序。暂不开发利用或现阶段不具备治理修复条件的污染地块，由所在地县级人民政府组织划定管控区域，设立标识，发布公告，定期开展土壤、地表水、地下水、空气环境监测；发现污染扩散的，有关责任主体要及时采取污染物隔离、阻断等环境风险管控措施。

3. 落实联动监管责任

各级城乡规划部门要结合土壤环境质量状况，加强城乡规划和审批管理。各级国土资源部门要依据土地利用总体规划、城乡规划和地块土壤环境质量状况，加强土地征收、收回、收购以及转让、改变用途等环节的监管。各级环境保护部门要加强对建设用地土壤环境状况调查、风险评估和污染地块治理与修复活动的监管。建立城乡规划、国土资源、环境保护等部门间的信息沟通机制，实行联动监管。

4. 严格用地准入

各级国土资源、城乡规划等部门在编制土地利用总体规划、城市总体规划、控制性详细规划等相关规划时，应充分考虑污染地块的环境风险，合理确定土地用途。将建设用地土壤环境管理要求纳入城市规划和供地管理范畴，土地开发利用必须符合土壤环境质量要求。

六、有序开展土壤污染治理与修复

1. 明确治理与修复主体

按照“谁污染，谁治理”原则，造成土壤污染的单位或个人要承担治理与修复的主体责任。责任主体发生变更的，由变更后继承其债权、债务的单位或个人承担相关责任；土地使用权依法转让的，由土地使用权受让人或双方约定的责任人承担相关责任。责任主体灭失或责任主体不明确的，由所在地县级人民政府依法承担相关责任。

2. 制定治理与修复规划

结合详查工作，组织制定市、各辖市（区）土壤污染治理与修复规划，把解决影响农产品质量和人居环境安全的突出土壤污染问题作为重点，明确重点任务、重点项目工程、责任单位和分年度实施计划，建立项目库，并逐级报上一级环境保护部门备案。土壤污染治理与修复项目库实施动态管理，定期更新入库项目信息，将具备条件的项目优先申报纳入国家、省级项目库。

3. 开展重污染遗留地块专项整治

对尚未再开发利用的已关闭或搬迁企业历史遗留地块，开展土壤污染专项整治工作，采取管控措施，严防土壤污染扩散，杜绝环境安全隐患。确定重污染遗留工业地块名单。结合土壤污染状况详查情况，针对高风险地块，督促责任主体采取管控措施。对人民群众关注的、影响人居环境安全的污染地块，要求责任主体采取修复治理等措施。

4. 有序开展治理与修复工作

确定治理与修复重点。各辖市（区）要结合城市环境质量提升和发展布局调整，以拟开发建设居住、商业、学校、医疗和养老机构等项目的污染地块为重点，开展治理与修复工作。各辖市（区）根据耕地土壤污染程度、环境风险及其影响范围、对农产品质量安全的影响，确定治理与修复的重点区域。

5. 强化治理与修复工程监管

治理与修复工程原则上在原址进行，并采取必要措施防止污染土壤挖掘、堆存等造成二次污染。需要转运污染土壤的，有关责任单位要建立台账制度，将运输时间、方式、线路和污染土壤数量、去向、最终处置措施等，提前向所在地和接收地环保部门报告，确保污染土壤得到有效处理处置，严防二次污染。工程施工期间，责任单位要设立公告牌，公开工程基本情况、环境影响及其防范措施；所在地环保部门要对各项环境保护措施落实情况定期进行督查。工程完工后，责任单位要委托第三方机构对治理与修复效果进行评估，结果向社会公开。实行土壤污染治理与修复终身责任制。

6. 定期评估治理与修复工作成效

各辖市（区）应定期向市环保主管部门报告辖区内土壤污染治理与修复工作进展。市环保主管部门要会同有关部门进行督导检查，委托第三方机构对各辖市（区）土壤污染治理与修复工作成效进行综合评估，结果向社会公开。市环保主管部门定期向市政府和省环保主管部门报告土壤污染治理与修复工作进展。

七、加大土壤环境监管力度

1. 明确监管重点

重点监测土壤中镉、汞、砷、铅、铬等重金属和多环芳烃、石油烃等有机污染物及各地自行确定的特征污染物，重点监管重点行业企业、涉重和化工工业园区，以及重点保护产粮（油）大市（区）、城市建成区、畜禽集中养殖区、重要果园、生态红线区域（包括自然保护区、饮用水水源保护区、风景名胜区、森林公园等）等重点区域。

2. 提高土壤环境执法能力

健全镇江市、辖市（区）、乡镇（园区）三级环保执法网格化监管机制，构建全面覆盖的网格化土壤环境监管体系。

加强环境监管队伍建设，按标准和需求科学地确定不同层级、不同类型执法队伍编制数量，重点增加基层执法机构、重点乡镇（街道）及涉重和化工工业园区（集聚区）的环境监管人员。改善基层环境执法条件，配备必要的土壤污染快速检测等执法装备。组织镇江市环境执法人员参加江苏省环保主管部门每 2 年 1 轮的土壤污染防治专业技术培训。各地应将土壤污染应急纳入现有环境污染事件应急预案，加强土壤污染应急处理处置能力建设。

3. 加大执法力度

将土壤污染防治作为环境执法的重要内容，充分利用环境监管网格，加强土壤环境日常监管执法。严厉打击非法排放、倾倒有毒有害污染物、违法违规存放危险化学品、非法处置危险废物、不正常使用污染治理设施、监测数据弄虚作假等环境违法行为。结合镇江市土壤污染状况详查工作，针对造成土壤污染的重点行业在产企业，开展专项环境执法，对严重污染土壤环境、群众反映强烈的企业进行挂牌督办。对造成生态损害的责任者，严格要求其落实赔偿制度；对构成犯罪的，依法追究刑事责任；对负有连带责任的环境服务第三方机构，应予以追责。

各级环保部门和公安机关、检察院、法院要将土壤污染防治工作纳入行政执法与司法联动机制，健全联席会商机制、信息共享、常设联络员等制度，强化环保、公安、检察等机构协作，完善案件移送、受理、立案、通报等规定。重要信息及时共享，确保及时发现处理环境资源违法犯罪行为。

八、提升科学治土水平

1. 强化科技支撑作用

充分发挥镇江市科研院所和高校平台的科教资源优势，支持省级环境保护重点实验室、环境保护工程技术中心等研究基地创建。整合高等学校、研究机构、企业等科研资源，加大科研投入，推进土壤污染诊断、风险管控、治理与修复、污染应急处置等共性关键技术研究，研发适应镇江市土壤和水文地质特点的装备和高效低成本功能材料（药剂）。

2. 加强土壤污染防治人才队伍建设

从健全激励机制入手，吸引省内外土壤环境保护领域的专业人才到镇江市工作，积极与国内外高等院校和科研院所建立合作关系。

3. 加大适用技术推广力度

建立适用的土壤污染防治技术体系。根据镇江市土壤污染特点及其区域分布，针对多环芳烃、石油烃、农药、重金属等典型污染类型的受污染农用地、污染地块，分批实施 2～3 个土壤污染治理与修复技术应用试点项目，形成可推广、可复制的土壤污染治理与修复技术模式。

加快成果转化应用。健全科技成果转化机制，推动科技成果共享与转化。开展国际合作研究与技术交流，加强土壤污染风险识别、土壤污染物快速检测、土壤及地下水污染阻隔等技术领域的交流合作。推广国家和江苏省鼓励发展的土壤污染防治重大技术装备。

4. 大力发展治理与修复产业

通过政策推动，加快完善覆盖土壤环境调查、分析测试、风险评估、治理与修复工程设计和施工等环节的成熟产业链。扶持治理与修复产业发展，推进先进适用的治污、修复技术和装备产业化发展。放开服务性监测市场，鼓励社会机构参与土壤环境检测评估等活动。规范土壤污染治理与修复从业单位和人员管理，加强对土壤污染治理与修复从业单位的监督和信息公开工作，促进土壤污染治理与修复产业健康发展。

九、构建全民行动格局

1. 发挥政府主导作用

市及各辖市（区）人民政府逐步加大对土壤污染防治项目的财政投入力度，统筹有关资金，重点支持土壤环境调查与监测评估、治理与修复、日常监管能力建设、科技研发、试点示范等工作。统筹涉农专项资金更多用于优先保护类耕地集中的地区。对优先保护类耕地面积增加的各辖市（区）予以适当奖励。市级工业转型升级等相关专项资金优先支持企业对涉重金属落后生产工艺和设备进行技术改造，并积极争取国家和省专项建设基金的支持。各辖市（区）应统筹各类财政资金，加大专项整合力度，支持土壤污染防治工作。

完善激励政策。要采取有效措施，激励相关企业参与土壤污染治理与修复。落实国家和江苏省有关扶持有机肥生产、废弃农膜综合利用、农药包装废弃物回收处理等企业的激励政策。在农药、化肥等行业，开展环保领跑者制度试点。

2. 开展土壤污染综合防治先行区建设

2017 年底前，在句容市启动土壤污染综合防治先行区建设，重点在源头防控、风险管控、治理与修复、日常监管能力建设等方面进行探索，力争到 2020 年先行区土壤环境质量得到改善、土壤环境监管能力得到明显提升。句容市人民政府要编制先行区建设方案，报镇江市人民政府备案。

3. 促进多元融资

通过政府和社会资本合作（PPP）模式，发挥财政资金撬动功能，带动更多社会资本参与土壤污染防治。加大政府购买服务力度，推动受污染耕地和以政府为责任主体的污染地块的治理与修复工作。积极发展绿色金融，发挥政策性和开发性金融机构的引导作用，为重大土壤污染防治项目提供支持。有序开展重点行业企业环境污染强制责任保险试点工作，建立健全环境风险防范和污染事故理赔机制。

4. 加强社会监督

推进信息公开。镇江市人民政府定期公布各辖市（区）土壤环境状况。重点行业企业要依据有关规定，向社会公开其产生的污染物名称、排放方式、排放浓度、排放总量，以及污染防治设施建设和运行情况。

引导公众参与。健全有奖举报制度，鼓励公众通过多种途径对污染土壤的环境违法行为进行监督。有条件的地方可根据需要聘请环境保护义务监督员，监督现场环境执法、进行土壤污染事件调查处理等。

鼓励种粮大户、家庭农场、农民合作社以及民间环境保护机构参与土壤污染防治工作，优先支持新型经营主体实施耕地地力提升项目。

5. 推动公益诉讼

鼓励依法对污染土壤等环境违法行为提起公益诉讼。检察机关可以以支持起诉的方式，对污染土壤等损害社会公共利益的行为提起民事公益诉讼；也可以对负有土壤污染防治职责的行政机关，因违法行使职权或者不作为造成国家和社会公共利益受到侵害的行为，呈报省检察院，提起行政公益诉讼。各级人民政府和有关部门应当积极配合司法机关的相关案件办理工作和检察机关的监督工作。培育和支持符合法律规定条件的社会组织依法对污染土壤等损害社会公共利益的行为提起民事诉讼。

6. 开展宣传教育

加强镇江市土壤环境保护宣传教育工作。加强舆论引导，组织新闻发布会、通气会，向社会公布镇江市土壤状况和防治情况。把土壤环境保护宣传教育融入党政机关、学校、工厂、社区、农村等的环境宣传和培训工作中。加强有关高校土壤环境相关内容课程建设。完善报纸、广播、电视、互联网、微信微博社交媒体等环境宣传网络，普及土壤污染防治相关知识，加强法律法规政策宣传解读，营造保护土壤环境的良好社会氛围，推动形成绿色发展方式和生活方式（市环保局牵头，市委宣传部、市教育局、市国土资源局、市住建局、市农委、市文广新局、市城管局、市规划局、市粮食局、市科协等参与）。

十、强化目标责任考核

1. 明确地方政府主体责任

完善管理体制。全面落实土壤污染防治属地责任，全力推进土壤污染防治各项工作。各辖市（区）要制定并公布土壤污染防治工作方案，并报市人民政府备案。工作方案应明确污染治理目标、重点任务、资金政策保障和监管措施。逐年制订实施计划，确定年度目标、治理项目及责任分工。

2. 建立协调联动机制

市各有关部门、各辖市（区）人民政府要做好本部门、本辖区内的土壤污染防治工作，定期向市人民政府报告工作进展。市环保主管部门要抓好统筹协调，加强督促检查，定期汇总市各有关部门、各辖市（区）人民政府的土壤污染防治工作进展报告，每年 1 月将上年度工作进展情况向省环保主管部门和市人民政府报告。积极参与周边地区土壤污染防治联动协作，加强城市间互动合作。

3. 落实企业责任

有关企业要加强内部管理，将土壤污染防治纳入环境风险防控体系，严格依法依规建设和运营污染治理设施，确保重点污染物稳定达标排放。造成土壤污染的，应承担损害评估、治理与修复的法律责任。逐步建立土壤污染治理与修复企业行业自律机制。国有企业特别是市属企业要带头落实。

4. 严格目标责任考核制

实行目标责任制。构建以环境质量改善为核心的目标责任考核体系，市人民政府与各辖市（区）人民政府、市各有关部门签订土壤污染防治目标责任书，分解落实目标任务。分年度对各辖市（区）、各部门重点工作进展情况进行评估。2020 年对本工作方案实施情况进行考核，评估和考核结果作为对领导班子和领导干部综合考核评价、自然资源资产离任审计的重要依据。评估和考核结果作为土壤污染防治专项资金分配的重要参考依据。对年度评估结果较差或未通过考核的，限期提出整改意见，整改完成前，对有关地区实施建设项目环评限批；整改不到位的，要约谈有关辖市（区）人民政府及其相关部门负责人。对土壤环境问题突出、区域土壤环境质量明显下降、防治工作不力、群众反映强烈的地区，要约谈有关辖市（区）人民政府主要负责人。在推进土壤污染防治工作中不履行或者不正确履行职责，出现重大失误，造成严重损失或者产生恶劣影响的，要严格按照有关规定，对有关地区部门和领导干部实施责任追究。

各辖市（区）人民政府、市各有关部门要认清形势，坚定信心，狠抓落实，按照国务院《土壤污染防治行动计划》、《江苏省土壤污染防治工作方案》和本工作方案要求，切实加强土壤污染治理和生态保护，如期实现镇江市土壤污染防治目标，确保生态环境质量得到改善，为把镇江市建设成为“强富美高”的现代化山水花园城市做出贡献。

附　表

9

镇江新区耕地质量等级表

附表1　镇江新区耕地质量等级汇总（行政单位+土壤类型）

hm^2

行政单位	土种	一级	二级	三级	四级	五级	六级	七级	八级	九级	合计
大港街道	粗骨土	0.00	0.00	0.00	8.42	0.05	0.00	0.00	0.00	0.00	8.47
大港街道	死黄土	0.00	0.00	0.00	0.00	64.36	24.41	25.93	22.53	0.00	137.23
大港街道	耕作黄土	0.00	0.00	0.00	12.63	54.64	18.39	37.30	0.00	0.00	122.96
大港街道	薄层棕色石灰土	0.00	0.00	0.00	0.00	0.73	0.00	0.00	0.00	0.00	0.73
大港街道	黄白土	0.00	14.13	20.84	15.64	5.44	0.19	0.00	0.00	0.00	56.24
大港街道	小粉土	0.00	0.00	6.36	0.00	18.12	2.37	0.00	0.00	0.00	26.85
大港街道	黄马肝土	1.08	12.94	13.15	4.52	0.00	0.00	0.00	0.00	0.00	31.69
大港街道	马肝土	68.66	79.41	115.40	136.50	40.60	0.00	0.00	0.00	0.00	440.57
大港街道	黄沙土	0.00	2.94	1.69	6.81	7.48	21.39	0.00	0.00	0.00	40.31
大港街道	沙底黄沙土	0.00	1.50	12.98	4.89	5.64	13.28	0.00	0.00	0.00	38.29
大港街道	夹沙土	0.00	0.00	12.00	1.90	7.02	0.07	0.00	0.00	0.00	20.99
大港街道	漏沙土	0.00	0.00	0.05	0.00	0.00	0.00	0.00	0.00	0.00	0.05
孩溪村	死黄土	0.00	0.00	0.00	0.00	1.04	0.00	0.00	0.00	0.00	1.04
孩溪村	耕作黄土	0.00	0.00	0.00	8.32	0.00	0.00	0.00	0.00	0.00	8.32
孩溪村	黄白土	0.00	1.72	0.00	0.00	0.00	0.00	0.00	0.00	0.00	1.72
孩溪村	马肝土	1.41	0.00	0.00	0.00	0.00	0.00	0.00	0.00	0.00	1.41
孩溪村	黄沙土	0.00	0.08	0.00	0.00	0.00	0.00	0.00	0.00	0.00	0.08
孩溪村	漏沙土	0.00	0.00	0.05	0.00	0.00	0.00	0.00	0.00	0.00	0.05
王巷村	死黄土	0.00	0.00	0.00	0.00	0.00	0.00	17.85	11.94	0.00	29.79
王巷村	黄白土	0.00	0.00	0.00	5.11	0.00	0.00	0.00	0.00	0.00	5.11
王巷村	马肝土	0.00	0.00	0.00	0.81	0.10	0.00	0.00	0.00	0.00	0.91
王巷村	黄沙土	0.00	0.23	1.69	0.04	5.26	13.05	0.00	0.00	0.00	20.27
王巷村	沙底黄沙土	0.00	1.50	12.98	3.29	5.64	0.00	0.00	0.00	0.00	23.41
王巷村	夹沙土	0.00	0.00	12.00	1.90	7.02	0.07	0.00	0.00	0.00	20.99
北山村	粗骨土	0.00	0.00	0.00	3.27	0.00	0.00	0.00	0.00	0.00	3.27
北山村	死黄土	0.00	0.00	0.00	0.00	13.50	12.19	0.00	0.00	0.00	25.69
北山村	黄白土	0.00	0.00	0.19	0.00	0.00	0.00	0.00	0.00	0.00	0.19
北山村	马肝土	0.00	15.41	0.00	0.00	0.00	0.00	0.00	0.00	0.00	15.41
北角村	死黄土	0.00	0.00	0.00	0.00	0.00	0.00	0.83	1.67	0.00	2.50
北角村	黄白土	0.00	0.00	0.00	10.53	0.00	0.00	0.00	0.00	0.00	10.53
北角村	小粉土	0.00	0.00	0.00	0.00	12.71	0.00	0.00	0.00	0.00	12.71
北角村	黄马肝土	0.00	0.00	2.29	2.50	0.00	0.00	0.00	0.00	0.00	4.79
北角村	马肝土	0.00	0.00	39.61	36.98	0.00	0.00	0.00	0.00	0.00	76.59
东方村	死黄土	0.00	0.00	0.00	0.00	0.00	0.00	0.00	3.72	0.00	3.72
东方村	黄白土	0.00	0.00	0.00	0.00	2.20	0.19	0.00	0.00	0.00	2.39
东方村	马肝土	0.00	0.00	0.00	4.55	32.16	0.00	0.00	0.00	0.00	36.71

续表

行政单位	土种	一级	二级	三级	四级	五级	六级	七级	八级	九级	合计
东方村	黄沙土	0.00	0.00	0.00	0.00	1.92	8.34	0.00	0.00	0.00	10.26
东方村	沙底黄沙土	0.00	0.00	0.00	0.00	0.00	13.28	0.00	0.00	0.00	13.28
甸上村	死黄土	0.00	0.00	0.00	0.00	13.78	0.00	0.00	0.00	0.00	13.78
甸上村	薄层棕色石灰土	0.00	0.00	0.00	0.00	0.73	0.00	0.00	0.00	0.00	0.73
甸上村	黄白土	0.00	0.69	0.00	0.00	0.00	0.00	0.00	0.00	0.00	0.69
甸上村	马肝土	57.52	0.00	0.00	0.00	0.00	0.00	0.00	0.00	0.00	57.52
大百村	粗骨土	0.00	0.00	0.00	1.99	0.00	0.00	0.00	0.00	0.00	1.99
大百村	死黄土	0.00	0.00	0.00	0.00	34.46	0.00	0.00	0.00	0.00	34.46
大百村	黄白土	0.00	11.19	0.00	0.00	0.00	0.00	0.00	0.00	0.00	11.19
大百村	小粉土	0.00	0.00	3.48	0.00	0.00	0.00	0.00	0.00	0.00	3.48
大百村	黄马肝土	1.08	12.94	0.00	0.00	0.00	0.00	0.00	0.00	0.00	14.02
大百村	马肝土	9.73	2.75	0.00	0.00	0.00	0.00	0.00	0.00	0.00	12.48
祝赵村	死黄土	0.00	0.00	0.00	0.00	1.05	0.00	0.00	0.00	0.00	1.05
祝赵村	耕作黄土	0.00	0.00	0.00	3.57	0.00	0.00	0.00	0.00	0.00	3.57
祝赵村	马肝土	0.00	4.13	0.00	0.00	0.00	0.00	0.00	0.00	0.00	4.13
祝赵村	黄沙土	0.00	2.63	0.00	0.00	0.00	0.00	0.00	0.00	0.00	2.63
唐巷村	耕作黄土	0.00	0.00	0.00	0.00	13.48	0.54	2.13	0.00	0.00	16.15
唐巷村	小粉土	0.00	0.00	0.00	0.00	2.76	0.49	0.00	0.00	0.00	3.25
唐巷村	马肝土	0.00	14.68	36.49	36.37	0.15	0.00	0.00	0.00	0.00	87.69
厚角村	死黄土	0.00	0.00	0.00	0.00	0.00	0.00	4.66	0.53	0.00	5.19
厚角村	耕作黄土	0.00	0.00	0.00	0.00	0.00	0.85	28.37	0.00	0.00	29.22
厚角村	马肝土	0.00	0.00	6.78	32.47	0.00	0.00	0.00	0.00	0.00	39.25
段家村	死黄土	0.00	0.00	0.00	0.00	0.00	4.32	0.00	0.00	0.00	4.32
段家村	耕作黄土	0.00	0.00	0.00	0.74	0.00	0.00	0.00	0.00	0.00	0.74
段家村	黄白土	0.00	0.00	15.61	0.00	0.00	0.00	0.00	0.00	0.00	15.61
段家村	马肝土	0.00	26.47	10.24	0.00	0.00	0.00	0.00	0.00	0.00	36.71
赵魏村	粗骨土	0.00	0.00	0.00	3.16	0.00	0.00	0.00	0.00	0.00	3.16
赵魏村	死黄土	0.00	0.00	0.00	0.00	0.53	1.23	2.51	0.00	0.00	4.27
赵魏村	黄白土	0.00	0.53	5.04	0.00	0.00	0.00	0.00	0.00	0.00	5.57
赵魏村	小粉土	0.00	0.00	2.88	0.00	0.00	0.00	0.00	0.00	0.00	2.88
赵魏村	马肝土	0.00	15.90	3.39	0.00	0.00	0.00	0.00	0.00	0.00	19.29
华阳村	死黄土	0.00	0.00	0.00	0.00	0.00	0.00	0.08	3.38	0.00	3.46
华阳村	小粉土	0.00	0.00	0.00	0.00	2.39	1.32	0.00	0.00	0.00	3.71
华阳村	马肝土	0.00	0.00	0.00	10.73	0.00	0.00	0.00	0.00	0.00	10.73
观塘村	耕作黄土	0.00	0.00	0.00	0.00	0.71	0.00	0.00	0.00	0.00	0.71
观塘村	小粉土	0.00	0.00	0.00	0.00	0.14	0.00	0.00	0.00	0.00	0.14

续表

行政单位	土种	一级	二级	三级	四级	五级	六级	七级	八级	九级	合计
观塘村	马肝土	0.00	0.00	0.68	0.88	0.00	0.00	0.00	0.00	0.00	1.56
大港村	死黄土	0.00	0.00	0.00	0.00	0.00	4.19	0.00	0.00	0.00	4.19
大港村	马肝土	0.00	0.07	17.94	0.00	0.00	0.00	0.00	0.00	0.00	18.01
大港村	黄沙土	0.00	0.00	0.00	6.77	0.00	0.00	0.00	0.00	0.00	6.77
大港村	沙底黄沙土	0.00	0.00	0.00	1.60	0.00	0.00	0.00	0.00	0.00	1.60
赵庄村	死黄土	0.00	0.00	0.00	0.00	0.00	2.48	0.00	0.00	0.00	2.48
赵庄村	马肝土	0.00	0.00	0.27	0.00	0.00	0.00	0.00	0.00	0.00	0.27
韩桥村	粗骨土	0.00	0.00	0.00	0.00	0.05	0.00	0.00	0.00	0.00	0.05
韩桥村	耕作黄土	0.00	0.00	0.00	0.00	40.45	17.00	6.54	0.00	0.00	63.99
韩桥村	黄马肝土	0.00	0.00	10.86	2.02	0.00	0.00	0.00	0.00	0.00	12.88
韩桥村	马肝土	0.00	0.00	0.00	2.53	7.55	0.00	0.00	0.00	0.00	10.08
龙泉村	死黄土	0.00	0.00	0.00	0.00	0.00	0.00	0.00	1.29	0.00	1.29
龙泉村	黄白土	0.00	0.00	0.00	0.00	3.24	0.00	0.00	0.00	0.00	3.24
龙泉村	小粉土	0.00	0.00	0.00	0.00	0.12	0.56	0.00	0.00	0.00	0.68
龙泉村	马肝土	0.00	0.00	0.00	6.66	0.64	0.00	0.00	0.00	0.00	7.30
聂家村	耕作黄土	0.00	0.00	0.00	0.00	0.00	0.00	0.26	0.00	0.00	0.26
聂家村	马肝土	0.00	0.00	0.00	4.09	0.00	0.00	0.00	0.00	0.00	4.09
港中新村	马肝土	0.00	0.00	0.00	0.43	0.00	0.00	0.00	0.00	0.00	0.43
港中新村	黄沙土	0.00	0.00	0.00	0.00	0.30	0.00	0.00	0.00	0.00	0.30
姚桥镇	死黄土	0.00	0.00	0.00	0.00	0.00	0.00	0.00	6.08	15.83	21.91
姚桥镇	耕作黄土	0.00	0.00	0.00	0.00	0.00	2.74	114.10	11.51	0.00	128.35
姚桥镇	小粉土	0.00	0.00	0.00	0.00	0.00	0.35	0.00	0.00	0.00	0.35
姚桥镇	马肝土	0.00	0.00	0.00	5.10	28.41	0.04	0.00	0.00	0.00	33.55
姚桥镇	黄沙土	0.00	135.97	965.90	396.57	594.68	285.92	5.38	0.00	0.00	2 384.42
姚桥镇	沙底黄沙土	0.00	9.27	84.03	27.08	143.86	101.59	8.96	0.00	0.00	374.79
姚桥镇	夹沙土	0.00	52.56	38.76	58.35	340.55	66.68	0.00	0.00	0.00	556.90
姚镇村	黄沙土	0.00	30.11	28.08	40.63	20.65	2.87	0.00	0.00	0.00	122.34
姚镇村	沙底黄沙土	0.00	0.00	4.47	4.87	1.73	0.00	0.00	0.00	0.00	11.07
仲宝村	黄沙土	0.00	0.00	55.31	21.45	40.71	51.21	0.00	0.00	0.00	168.68
仲宝村	沙底黄沙土	0.00	0.00	0.00	0.17	23.27	21.86	3.86	0.00	0.00	49.16
仲宝村	夹沙土	0.00	0.00	14.11	3.13	9.30	24.59	0.00	0.00	0.00	51.13
迎滨村	黄沙土	0.00	11.80	138.81	3.17	0.00	0.00	0.00	0.00	0.00	153.78
迎滨村	沙底黄沙土	0.00	6.11	28.04	0.43	0.00	0.00	0.00	0.00	0.00	34.58
迎北村	黄沙土	0.00	8.13	142.31	0.00	0.00	0.00	0.00	0.00	0.00	150.44
迎北村	沙底黄沙土	0.00	2.48	6.45	0.00	0.00	0.00	0.00	0.00	0.00	8.93
伏漕村	黄沙土	0.00	44.69	160.58	0.00	0.00	0.00	0.00	0.00	0.00	205.27

续表

行政单位	土种	一级	二级	三级	四级	五级	六级	七级	八级	九级	合计
伏漕村	沙底黄沙土	0.00	0.68	4.51	0.00	0.00	0.00	0.00	0.00	0.00	5.19
伏漕村	夹沙土	0.00	22.59	0.12	0.00	0.00	0.00	0.00	0.00	0.00	22.71
三桥村	黄沙土	0.00	25.75	146.18	0.00	0.00	0.00	0.00	0.00	0.00	171.93
三桥村	沙底黄沙土	0.00	0.00	38.50	0.00	0.00	0.00	0.00	0.00	0.00	38.50
三桥村	夹沙土	0.00	24.59	0.00	0.00	0.00	0.00	0.00	0.00	0.00	24.59
大东村	黄沙土	0.00	12.65	95.95	56.34	65.32	50.75	5.38	0.00	0.00	286.39
大东村	沙底黄沙土	0.00	0.00	1.50	3.80	9.64	0.05	0.00	0.00	0.00	14.99
大东村	夹沙土	0.00	0.00	0.00	0.77	8.44	0.00	0.00	0.00	0.00	9.21
石桥村	黄沙土	0.00	0.00	0.00	42.70	221.53	0.00	0.00	0.00	0.00	264.23
石桥村	沙底黄沙土	0.00	0.00	0.00	0.00	16.22	0.00	0.00	0.00	0.00	16.22
石桥村	夹沙土	0.00	0.00	0.00	11.33	45.39	0.00	0.00	0.00	0.00	56.72
兴隆村	黄沙土	0.00	0.00	32.85	78.11	38.67	0.41	0.00	0.00	0.00	150.04
兴隆村	沙底黄沙土	0.00	0.00	0.33	8.37	44.05	1.51	0.00	0.00	0.00	54.26
兴隆村	夹沙土	0.00	0.00	6.08	0.56	20.38	0.00	0.00	0.00	0.00	27.02
红光村	死黄土	0.00	0.00	0.00	0.00	0.00	0.00	0.00	6.08	3.73	9.81
红光村	耕作黄土	0.00	0.00	0.00	0.00	0.00	0.00	2.32	11.51	0.00	13.83
红光村	小粉土	0.00	0.00	0.00	0.00	0.00	0.35	0.00	0.00	0.00	0.35
红光村	马肝土	0.00	0.00	0.00	0.00	11.69	0.04	0.00	0.00	0.00	11.73
红光村	黄沙土	0.00	0.00	0.00	0.00	5.26	78.85	0.00	0.00	0.00	84.11
红光村	沙底黄沙土	0.00	0.00	0.00	8.33	18.31	60.81	5.10	0.00	0.00	92.55
红光村	夹沙土	0.00	0.00	0.37	0.61	36.45	29.24	0.00	0.00	0.00	66.67
华山村	死黄土	0.00	0.00	0.00	0.00	0.00	0.00	0.00	0.00	12.10	12.10
华山村	耕作黄土	0.00	0.00	0.00	0.00	0.00	2.74	111.78	0.00	0.00	114.52
华山村	马肝土	0.00	0.00	0.00	5.10	16.72	0.00	0.00	0.00	0.00	21.82
华山村	黄沙土	0.00	0.00	0.00	1.71	14.33	37.2	0.00	0.00	0.00	53.24
华山村	夹沙土	0.00	0.00	2.10	38.81	170.05	6.15	0.00	0.00	0.00	217.11
庄基村	黄沙土	0.00	0.00	0.00	0.47	147.28	63.13	0.00	0.00	0.00	210.88
庄基村	沙底黄沙土	0.00	0.00	0.00	1.11	30.64	17.36	0.00	0.00	0.00	49.11
庄基村	夹沙土	0.00	0.00	0.00	2.87	50.54	6.70	0.00	0.00	0.00	60.11
儒里村	黄沙土	0.00	0.00	54.81	112.72	1.28	0.00	0.00	0.00	0.00	168.81
茂华村	黄沙土	0.00	2.84	95.28	39.27	39.65	1.50	0.00	0.00	0.00	178.54
茂华村	沙底黄沙土	0.00	0.00	0.23	0.00	0.00	0.00	0.00	0.00	0.00	0.23
茂华村	夹沙土	0.00	5.38	15.98	0.27	0.00	0.00	0.00	0.00	0.00	21.63
夹江	黄沙土	0.00	0.00	15.74	0.00	0.00	0.00	0.00	0.00	0.00	15.74
大路镇	粗骨土	0.00	0.00	0.00	0.00	0.23	0.00	0.00	0.00	0.00	0.23
大路镇	死黄土	0.00	0.00	0.00	0.00	0.00	1.33	7.45	5.21	0.71	14.70

续表

行政单位	土种	一级	二级	三级	四级	五级	六级	七级	八级	九级	合计
大路镇	耕作黄土	0.00	0.00	0.00	0.00	10.74	5.17	3.85	36.93	0.00	56.69
大路镇	黄白土	0.00	0.00	0.00	0.00	0.00	0.62	0.11	0.00	0.00	0.73
大路镇	马肝土	0.00	0.00	0.00	0.00	0.00	30.99	0.00	0.00	0.00	30.99
大路镇	黄沙土	0.00	259.27	333.16	80.44	74.12	37.3	118.42	4.84	0.00	907.55
大路镇	沙底黄沙土	0.00	91.53	290.03	110.58	70.52	20.11	104.83	0.00	0.00	687.6
大路镇	夹沙土	0.00	32.86	100.83	66.78	26.27	90.25	3.05	0.00	0.00	320.04
大路村	耕作黄土	0.00	0.00	0.00	0.00	0.00	0.38	1.12	0.00	0.00	1.50
大路村	黄沙土	0.00	1.18	72.96	0.11	0.00	0.00	0.00	0.00	0.00	74.25
大路村	沙底黄沙土	0.00	0.00	70.03	2.58	0.00	0.00	0.00	0.00	0.00	72.61
大路村	夹沙土	0.00	0.00	1.63	1.48	0.00	0.00	0.00	0.00	0.00	3.11
小港村	死黄土	0.00	0.00	0.00	0.00	0.00	0.00	0.00	0.16	0.56	0.72
小港村	耕作黄土	0.00	0.00	0.00	0.00	0.00	2.10	2.73	36.93	0.00	41.76
小港村	黄白土	0.00	0.00	0.00	0.00	0.00	0.62	0.11	0.00	0.00	0.73
小港村	马肝土	0.00	0.00	0.00	0.00	0.00	30.99	0.00	0.00	0.00	30.99
小港村	黄沙土	0.00	9.82	22.67	0.00	0.00	10.06	16.76	0.00	0.00	59.31
小港村	沙底黄沙土	0.00	1.87	13.94	11.02	11.14	3.64	57.53	0.00	0.00	99.14
小港村	夹沙土	0.00	10.74	4.93	16.93	11.69	34.71	2.34	0.00	0.00	81.34
薛港村	黄沙土	0.00	93.77	110.71	10.41	0.00	0.00	0.00	0.00	0.00	214.89
薛港村	沙底黄沙土	0.00	47.8	25.00	0.00	0.00	0.00	0.00	0.00	0.00	72.80
东岳村	黄沙土	0.00	128.15	14.99	1.93	0.00	0.00	0.00	0.00	0.00	145.07
东岳村	沙底黄沙土	0.00	1.02	0.00	0.00	0.00	0.00	0.00	0.00	0.00	1.02
西戴村	黄沙土	0.00	26.35	20.28	34.81	27.81	7.12	1.25	0.00	0.00	117.62
西戴村	沙底黄沙土	0.00	40.84	22.54	38.57	0.31	0.00	0.00	0.00	0.00	102.26
西戴村	夹沙土	0.00	8.56	1.10	5.32	0.39	0.00	0.00	0.00	0.00	15.37
宗张村	黄沙土	0.00	0.00	0.09	4.45	45.77	20.12	100.41	4.84	0.00	175.68
宗张村	沙底黄沙土	0.00	0.00	0.00	1.25	18.98	6.74	47.00	0.00	0.00	73.97
宗张村	夹沙土	0.00	0.00	0.00	14.18	12.69	55.54	0.71	0.00	0.00	83.12
照临村	死黄土	0.00	0.00	0.00	0.00	0.00	1.33	7.45	5.05	0.15	13.98
照临村	黄沙土	0.00	0.00	15.25	8.16	0.54	0.00	0.00	0.00	0.00	23.95
照临村	沙底黄沙土	0.00	0.00	15.65	43.42	40.09	9.73	0.30	0.00	0.00	109.19
照临村	夹沙土	0.00	13.56	44.02	28.87	1.50	0.00	0.00	0.00	0.00	87.95
武桥村	耕作黄土	0.00	0.00	0.00	0.00	0.67	1.44	0.00	0.00	0.00	2.11
武桥村	黄沙土	0.00	0.00	63.41	20.57	0.00	0.00	0.00	0.00	0.00	83.98
武桥村	沙底黄沙土	0.00	0.00	60.70	11.21	0.00	0.00	0.00	0.00	0.00	71.91
武桥村	夹沙土	0.00	0.00	32.21	0.00	0.00	0.00	0.00	0.00	0.00	32.21
长征村	粗骨土	0.00	0.00	0.00	0.00	0.23	0.00	0.00	0.00	0.00	0.23

续表

行政单位	土种	一级	二级	三级	四级	五级	六级	七级	八级	九级	合计
长征村	耕作黄土	0.00	0.00	0.00	0.00	10.07	1.25	0.00	0.00	0.00	11.32
长征村	黄沙土	0.00	0.00	12.73	0.00	0.00	0.00	0.00	0.00	0.00	12.73
长征村	沙底黄沙土	0.00	0.00	82.17	2.53	0.00	0.00	0.00	0.00	0.00	84.70
长征村	夹沙土	0.00	0.00	16.94	0.00	0.00	0.00	0.00	0.00	0.00	16.94
长江	黄沙土	0.00	0.00	0.07	0.00	0.00	0.00	0.00	0.00	0.00	0.07
丁岗镇	粗骨土	0.00	0.00	0.00	0.00	0.16	0.00	0.00	0.00	0.00	0.16
丁岗镇	死黄土	0.00	0.00	0.00	0.00	2.76	58.47	42.09	0.75	0.00	104.07
丁岗镇	耕作黄土	0.00	0.00	0.32	20.12	31.88	20.16	5.10	0.79	0.00	78.37
丁岗镇	棕色石灰土	0.00	0.00	0.00	5.74	0.00	0.00	0.00	0.00	0.00	5.74
丁岗镇	黄白土	0.00	0.00	250.72	95.09	23.36	0.00	0.00	0.00	0.00	369.17
丁岗镇	黄土	0.00	0.00	141.30	42.55	2.11	0.00	0.00	0.00	0.00	185.96
丁岗镇	小粉土	0.00	0.00	0.00	1.27	0.00	0.00	0.00	0.00	0.00	1.27
丁岗镇	黄马肝土	0.00	12.66	42.99	8.51	1.39	0.00	0.00	0.00	0.00	65.55
丁岗镇	马肝土	21.69	391.88	650.07	84.24	40.17	0.00	0.00	0.00	0.00	1 188.05
丁岗镇	乌底马肝土	0.00	0.00	29.62	6.93	0.00	0.00	0.00	0.00	0.00	36.55
丁岗镇	黄沙土	0.00	0.00	0.00	0.00	1.36	0.00	0.00	0.00	0.00	1.36
丁岗村	死黄土	0.00	0.00	0.00	0.00	0.00	4.94	6.09	0.00	0.00	11.03
丁岗村	耕作黄土	0.00	0.00	0.00	0.00	0.00	1.19	3.93	0.79	0.00	5.91
丁岗村	黄白土	0.00	0.00	0.00	19.09	0.00	0.00	0.00	0.00	0.00	19.09
丁岗村	马肝土	0.00	0.00	127.01	19.80	28.63	0.00	0.00	0.00	0.00	175.44
丁岗村	乌底马肝土	0.00	0.00	17.05	0.00	0.00	0.00	0.00	0.00	0.00	17.05
丁岗村	黄沙土	0.00	0.00	0.00	0.00	1.36	0.00	0.00	0.00	0.00	1.36
华墅村	粗骨土	0.00	0.00	0.00	0.00	0.16	0.00	0.00	0.00	0.00	0.16
华墅村	死黄土	0.00	0.00	0.00	0.00	0.00	18.57	25.15	0.00	0.00	43.72
华墅村	耕作黄土	0.00	0.00	0.00	2.65	19.78	18.81	1.17	0.00	0.00	42.41
华墅村	黄白土	0.00	0.00	44.35	28.15	23.00	0.00	0.00	0.00	0.00	95.50
华墅村	黄土	0.00	0.00	14.29	3.08	0.00	0.00	0.00	0.00	0.00	17.37
华墅村	黄马肝土	0.00	0.00	42.99	8.51	1.39	0.00	0.00	0.00	0.00	52.89
华墅村	马肝土	19.57	43.00	107.80	12.44	10.82	0.00	0.00	0.00	0.00	193.63
留村村	死黄土	0.00	0.00	0.00	0.00	0.00	5.17	0.00	0.00	0.00	5.17
留村村	耕作黄土	0.00	0.00	0.00	0.33	4.83	0.00	0.00	0.00	0.00	5.16
留村村	黄白土	0.00	0.00	108.25	38.46	0.00	0.00	0.00	0.00	0.00	146.71
留村村	黄土	0.00	0.00	0.84	22.81	0.00	0.00	0.00	0.00	0.00	23.65
留村村	马肝土	0.00	104.15	136.20	0.00	0.00	0.00	0.00	0.00	0.00	240.35
留村村	乌底马肝土	0.00	0.00	0.87	0.00	0.00	0.00	0.00	0.00	0.00	0.87
章村村	死黄土	0.00	0.00	0.00	0.00	0.00	0.00	10.44	0.75	0.00	11.19

续表

行政单位	土种	一级	二级	三级	四级	五级	六级	七级	八级	九级	合计
章村村	耕作黄土	0.00	0.00	0.32	11.60	7.27	0.16	0.00	0.00	0.00	19.35
章村村	黄白土	0.00	0.00	2.22	6.71	0.36	0.00	0.00	0.00	0.00	9.29
章村村	黄土	0.00	0.00	126.17	16.66	2.11	0.00	0.00	0.00	0.00	144.94
章村村	马肝土	2.12	93.55	150.53	52.00	0.72	0.00	0.00	0.00	0.00	298.92
章村村	乌底马肝土	0.00	0.00	8.95	6.93	0.00	0.00	0.00	0.00	0.00	15.88
纪庄村	死黄土	0.00	0.00	0.00	0.00	2.76	12.39	0.00	0.00	0.00	15.15
纪庄村	耕作黄土	0.00	0.00	0.00	5.54	0.00	0.00	0.00	0.00	0.00	5.54
纪庄村	棕色石灰土	0.00	0.00	0.00	5.74	0.00	0.00	0.00	0.00	0.00	5.74
纪庄村	黄白土	0.00	0.00	86.34	0.00	0.00	0.00	0.00	0.00	0.00	86.34
纪庄村	小粉土	0.00	0.00	0.00	1.27	0.00	0.00	0.00	0.00	0.00	1.27
纪庄村	黄马肝土	0.00	12.61	0.00	0.00	0.00	0.00	0.00	0.00	0.00	12.61
纪庄村	马肝土	0.00	113.16	0.24	0.00	0.00	0.00	0.00	0.00	0.00	113.40
葛村村	死黄土	0.00	0.00	0.00	0.00	0.00	17.40	0.41	0.00	0.00	17.81
葛村村	黄白土	0.00	0.00	9.56	2.68	0.00	0.00	0.00	0.00	0.00	12.24
葛村村	黄马肝土	0.00	0.05	0.00	0.00	0.00	0.00	0.00	0.00	0.00	0.05
葛村村	马肝土	0.00	38.02	128.29	0.00	0.00	0.00	0.00	0.00	0.00	166.31
葛村村	乌底马肝土	0.00	0.00	2.75	0.00	0.00	0.00	0.00	0.00	0.00	2.75

附表 2　镇江新区耕地质量等级汇总（质量要素）

hm²

地力要素		一级	二级	三级	四级	五级	六级	七级	八级	九级	合计
地貌类型	丘陵冲地	91.43	511.02	1 270.45	400.35	159.60	34.56	0.11	0.00	0.00	2 467.52
	丘陵山地	0.00	0.00	0.32	46.91	161.96	130.67	235.82	83.80	16.54	676.02
	沿江平原	0.00	585.90	1 839.43	753.40	1 275.09	636.59	240.64	4.84	0.00	5 335.89
地形部位	丘陵上部	0.00	0.00	0.32	32.75	165.11	130.67	235.82	83.80	16.54	665.01
	丘陵下部	0.00	0.00	6.36	1.27	18.12	2.72	0.00	0.00	0.00	28.47
	丘陵中部	0.00	0.00	0.00	14.16	0.44	0.00	0.00	0.00	0.00	14.60
	平原低阶	91.43	1 096.92	3 103.52	1 152.48	1 412.98	668.43	240.75	4.84	0.00	7 771.35
坡度	≥20	0.00	0.00	0.00	0.00	0.35	0.00	1.02	0.00	0.00	1.37
	≥10	1.39	0.46	1.49	4.86	9.09	8.24	1.39	0.16	0.56	27.64
	≥5	1.39	12.10	20.98	11.87	22.97	21.37	4.51	8.07	0.00	103.26
	≥0	88.65	1 084.36	3 087.73	1 183.93	1 564.24	772.21	469.65	80.41	15.98	8 347.16
成土母质	冲积黄土	91.43	511.02	1 270.77	433.10	323.98	165.23	235.93	83.80	16.54	3 131.80
	残积相	0.00	0.00	0.00	8.42	0.44	0.00	0.00	0.00	0.00	8.86
	近代冲积相	0.00	585.90	1 839.43	753.40	1 271.50	636.59	240.64	4.84	0.00	5 332.30
	风积黄土	0.00	0.00	0.00	5.74	0.73	0.00	0.00	0.00	0.00	6.47
生物多样性	一般	91.43	1 096.92	3 110.20	1 200.66	1 596.65	801.82	476.57	88.64	16.54	8 479.43
	清洁程度										
	清洁	91.43	1 096.92	3 110.20	1 200.66	1 596.65	801.82	476.57	88.64	16.54	8 479.43
剖面构型	A-B-C	0.00	0.00	0.32	38.49	97.26	46.46	160.35	49.23	0.00	392.11
	A-C	0.00	0.00	0.00	8.42	68.29	84.21	75.47	34.57	16.54	287.50
	A-P-C	0.00	412.31	1 713.61	637.10	708.55	345.42	123.91	4.84	0.00	3 945.74
	A-P-W-Bg	91.43	496.89	821.61	238.87	110.57	31.03	0.00	0.00	0.00	1 790.40
	A-P-W-Bg-Dm	0.00	0.00	29.62	6.93	0.00	0.00	0.00	0.00	0.00	36.55
	A-P-W-C	0.00	85.42	157.95	128.30	391.96	159.72	3.05	0.00	0.00	926.40
	A-P-W-S	0.00	102.30	387.04	142.55	220.02	134.98	113.79	0.00	0.00	1 100.68
	A-S-C	0.00	0.00	0.05	0.00	0.00	0.00	0.00	0.00	0.00	0.05
质地构型	上松下紧型	91.43	582.31	1 002.87	386.99	552.70	272.24	78.52	34.57	16.54	3 018.17
	紧实型	0.00	514.61	2 107.33	813.67	1 043.95	529.58	398.05	54.07	0.00	5 461.26
有效土层厚	≥70	91.43	1 096.92	3 110.15	1 192.24	1 528.36	717.61	401.10	54.07	0.00	8 191.88
	≥50	0.00	0.00	0.00	0.00	0.00	0.00	0.00	0.00	0.00	0.00
	≥30	0.00	0.00	0.00	8.42	1.17	0.00	0.00	0.00	0.00	9.59
	≥20	0.00	0.00	0.05	0.00	0.00	0.00	0.00	0.00	0.00	0.05
	≥0	0.00	0.00	0.00	0.00	67.12	84.21	75.47	34.57	16.54	277.91

续表

地力要素		一级	二级	三级	四级	五级	六级	七级	八级	九级	合计
耕层厚度	≥20	0.00	0.00	0.00	8.42	0.44	0.00	0.00	0.00	0.00	8.86
	≥15	90.35	954.89	2 218.13	875.18	1 257.92	579.10	287.20	54.07	0.00	6 316.84
	≥0	1.08	142.03	892.07	317.06	338.29	222.72	189.37	34.57	16.54	2 153.73
障碍层类型	无	91.43	1 082.79	2 697.02	1 014.63	1 401.36	670.34	240.64	4.84	0.00	7 203.05
	白土	0.00	14.13	412.86	153.28	30.91	0.81	0.11	0.00	0.00	612.10
	黏盘层	0.00	0.00	0.32	32.75	164.38	130.67	235.82	83.80	16.54	664.28
障碍层位置	≥40	0.00	14.13	412.86	153.28	30.91	0.81	0.11	0.00	0.00	612.10
	≥30	0.00	0.00	0.32	32.75	97.26	46.46	160.35	49.23	0.00	386.37
	≥20	0.00	0.00	0.00	0.00	67.12	84.21	75.47	34.57	16.54	277.91
	≥0	91.43	1 082.79	2 697.02	1 014.63	1 401.36	670.34	240.64	4.84	0.00	7 203.05
质地	中壤土	91.43	1 096.92	3 073.85	1 153.97	1 413.42	668.43	240.75	4.84	0.00	7 743.61
	轻黏土	0.00	0.00	0.05	5.74	0.73	0.00	0.00	0.00	0.00	6.52
	重壤土	0.00	0.00	36.30	40.95	182.50	133.39	235.82	83.80	16.54	729.30
	土壤容重	0.00	0.00	0.00	0.00	0.00	0.00	0.00	0.00	0.00	0.00
	未分段	91.43	1 096.92	3 110.20	1 200.66	1 596.65	801.82	476.57	88.64	16.54	8 479.43
pH	≥8	0.00	70.23	863.53	645.90	905.63	653.90	369.22	87.89	16.54	3 612.84
	≥7.5	10.86	418.63	1 087.22	288.19	491.47	46.23	61.21	0.00	0.00	2 403.81
	≥7	78.45	411.40	505.02	191.14	146.00	49.64	34.87	0.75	0.00	1 417.27
	≥6.5	2.12	144.84	635.85	50.98	49.40	52.05	11.27	0.00	0.00	946.51
	≥0	0.00	51.82	18.58	24.45	4.15	0.00	0.00	0.00	0.00	99.00
有机质	≥40	0.00	356.23	486.20	0.00	0.00	0.00	0.00	0.00	0.00	842.43
	≥35	0.34	163.93	473.71	145.45	0.00	0.00	0.00	0.00	0.00	783.43
	≥25	21.35	226.96	892.01	208.44	13.73	14.21	0.00	0.00	0.00	1 376.70
	≥20	69.74	289.66	455.52	233.69	175.59	49.82	5.43	0.00	0.00	1 279.45
	≥0	0.00	60.14	802.76	613.08	1 407.33	737.79	471.14	88.64	16.54	4 197.42
全氮	≥2.5	0.00	242.58	299.14	4.83	0.00	0.00	0.00	0.00	0.00	546.55
	≥2	0.00	287.23	881.52	167.54	0.00	0.00	0.00	0.00	0.00	1 336.29
	≥1.5	3.59	75.13	603.75	176.86	26.62	4.47	0.00	0.00	0.00	890.42
	≥0	87.84	491.98	1 325.79	851.43	1 570.03	797.35	476.57	88.64	16.54	5 706.17
有效磷	≥25	78.30	515.07	711.22	237.54	66.60	20.22	17.55	3.12	0.00	1 649.62
	≥20	13.13	580.66	1 442.06	304.05	419.14	78.41	48.10	30.01	0.30	2 915.86
	≥15	0.00	1.19	937.08	430.36	784.44	250.87	125.44	7.90	3.58	2 540.86
	≥5	0.00	0.00	19.84	214.35	326.47	452.32	265.44	42.77	12.66	1 333.85
	≥0	0.00	0.00	0.00	14.36	0.00	0.00	20.04	4.84	0.00	39.24

续表

地力要素		一级	二级	三级	四级	五级	六级	七级	八级	九级	合计
速效钾	≥100	91.43	1 010.87	2 216.40	512.10	363.33	147.38	43.63	10.70	0.84	4 396.68
	≥90	0.00	58.24	581.94	256.09	471.94	111.42	24.95	2.15	2.89	1 509.62
	≥70	0.00	27.81	311.86	413.46	695.16	351.16	194.23	70.64	12.81	2 077.13
	≥50	0.00	0.00	0.00	19.01	66.22	191.65	196.42	0.31	0.00	473.61
	≥0	0.00	0.00	0.00	0.00	0.00	0.21	17.34	4.84	0.00	22.39
灌溉模数	≥5	0.00	239.75	221.17	117.06	51.34	89.24	80.72	37.09	0.56	836.93
	≥4	0.00	167.67	692.07	108.49	95.42	53.87	6.50	0.00	0.00	1 124.02
	≥2	68.33	536.47	1 635.86	765.96	1 314.50	600.10	343.66	49.51	15.98	5330.37
	≥0	23.10	153.03	561.10	209.15	135.39	58.61	45.69	2.04	0.00	1 188.11
排涝模数	≥3	0.00	15.41	0.19	3.27	13.50	12.19	0.00	0.00	0.00	44.56
	≥1.5	90.02	1 043.25	2 709.02	927.41	1 318.19	752.83	459.89	82.30	16.39	7399.30
	≥1	0.00	21.78	337.51	209.56	195.18	15.73	7.75	5.05	0.15	792.71
	≥0	1.41	16.48	63.48	60.42	69.78	21.07	8.93	1.29	0.00	242.86
灌溉能力	充分满足	69.74	692.38	1 995.18	936.21	1 493.46	723.19	429.38	87.10	16.54	6 443.18
	满足	21.69	404.54	1 115.02	264.45	103.19	78.63	47.19	1.54	0.00	2 036.25
排水能力	基本满足	0.00	581.46	1 812.71	744.90	1 289.38	643.09	366.15	64.57	16.54	5 518.80
	满足	91.43	515.46	1 297.49	455.76	307.27	158.73	110.42	24.07	0.00	2 960.63

附　图

9

镇江新区耕地地力调查图

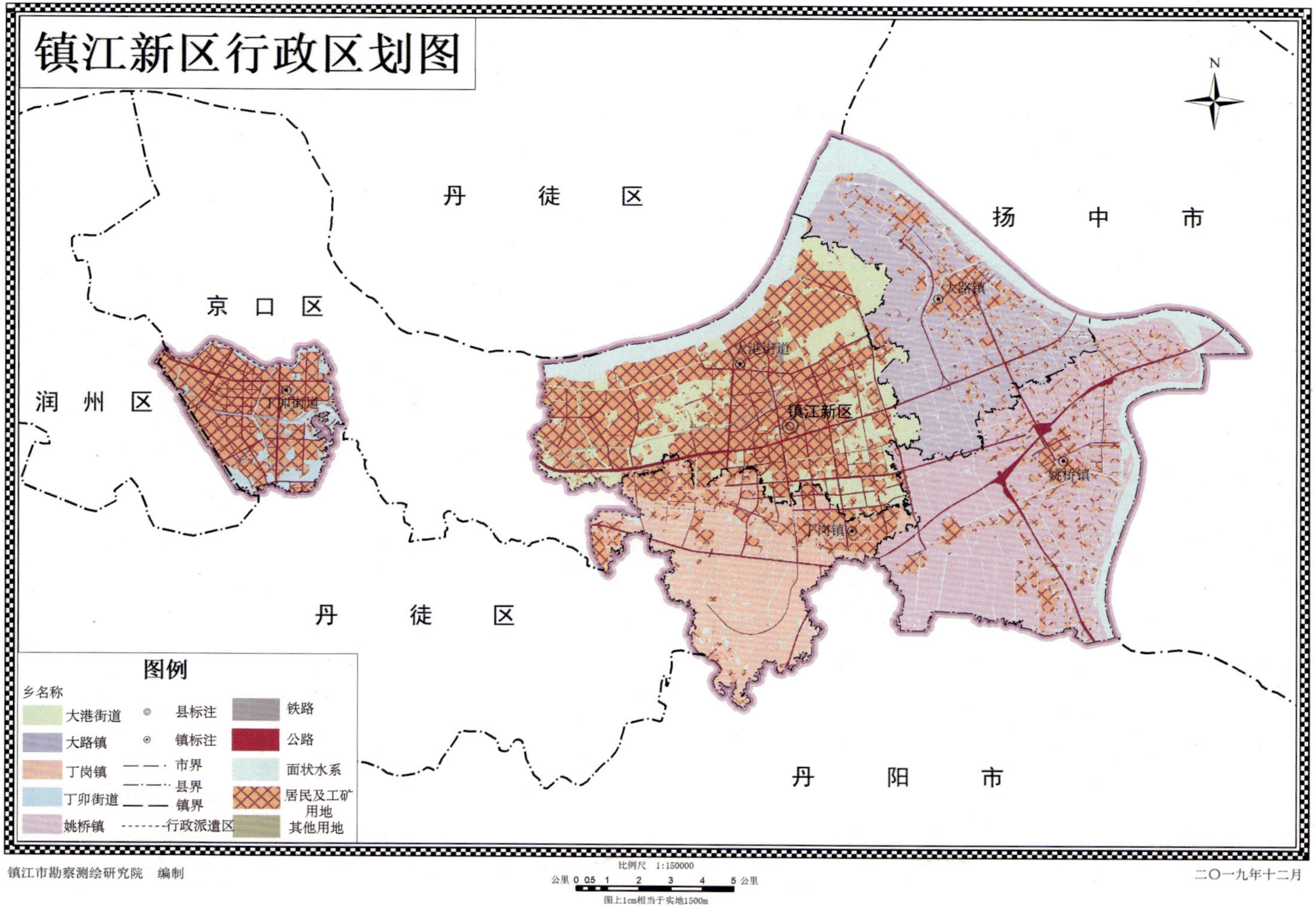

附图 1 镇江新区行政区划图

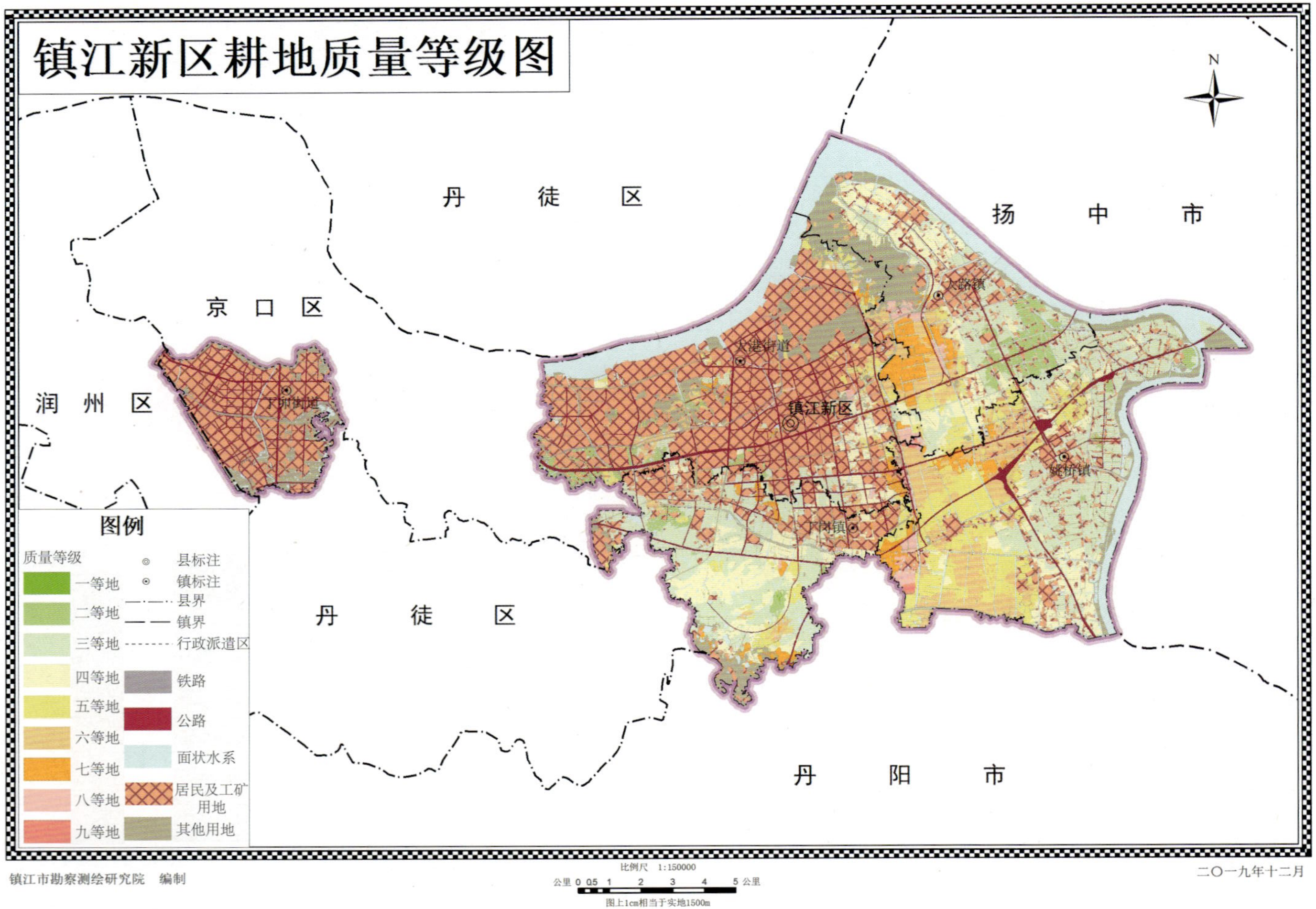

附图 2 镇江新区耕地质量等级图

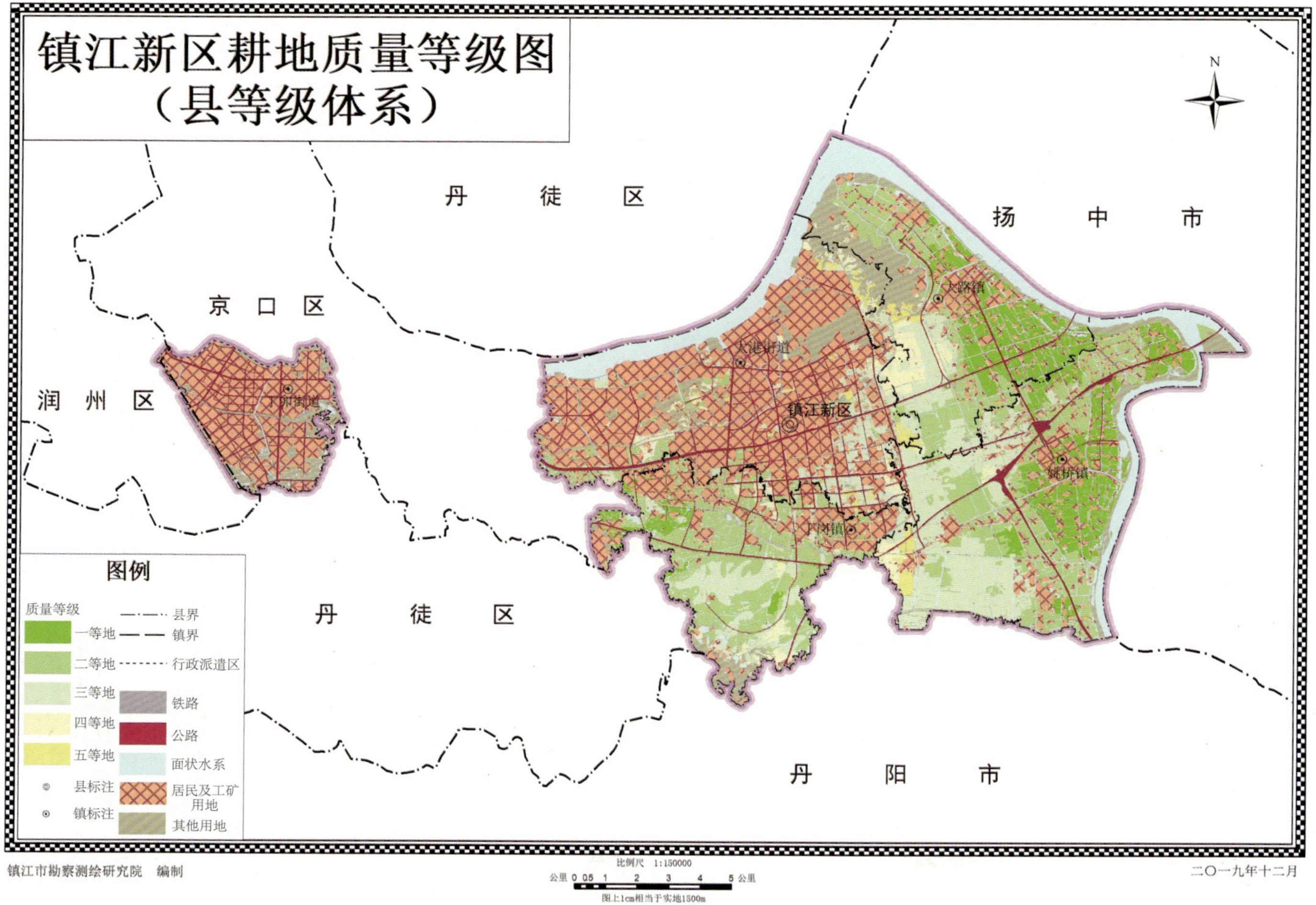

附图 3 镇江新区耕地质量等级图(县等级体系)

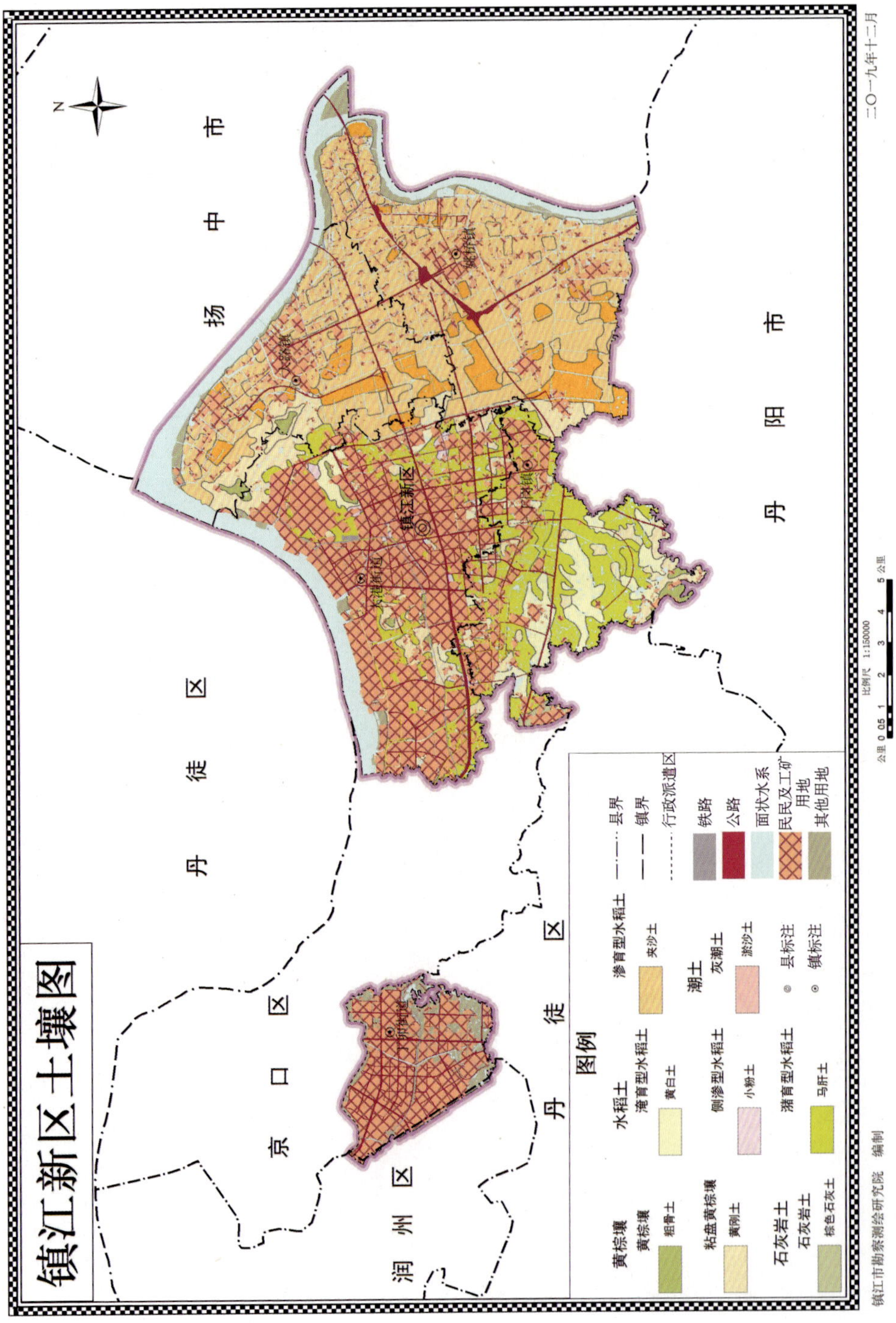
镇江新区土壤图
N
扬中市
丹阳市
丹徒区
京口区
润州区
丹徒区
镇江新区
图例
黄棕壤
黄棕壤
粗骨土
粘盘黄棕壤
黄刚土
石灰岩土
石灰岩土
棕色石灰土
水稻土
淹育型水稻土
黄白土
侧渗型水稻土
小粉土
潴育型水稻土
马肝土
渗育型水稻土
夹沙土
潮土
灰潮土
淤沙土
县标注
镇标注
县界
镇界
行政派遣区
铁路
公路
面状水系
民居及工矿用地
其他用地
比例尺 1:150000
公里 0 0.5 1 2 3 4 5 公里
图上1cm相当于实地1500m
镇江市勘察测绘研究院 编制
二〇一九年十二月

附图 4 镇江新区土壤图

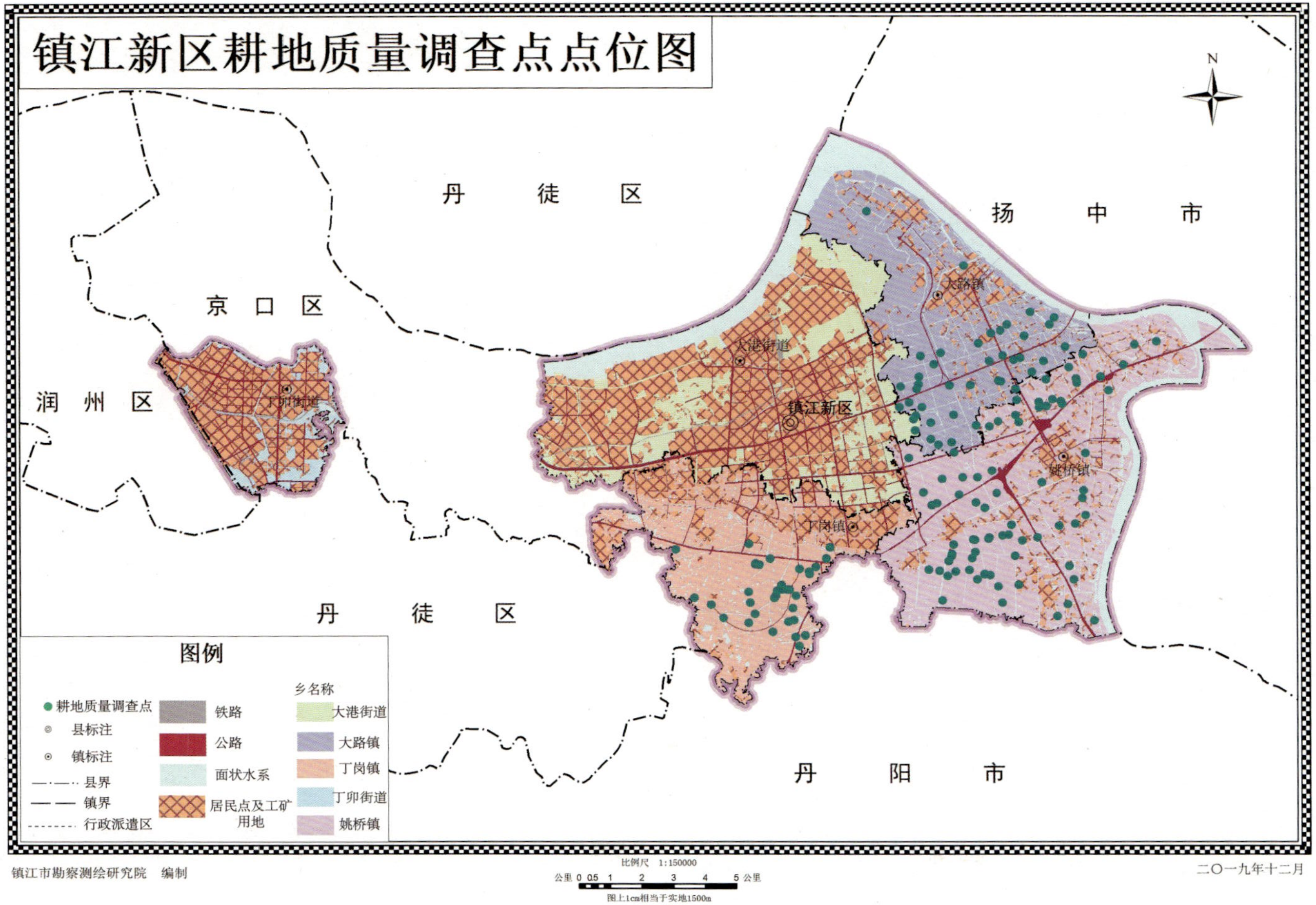

附图 5 镇江新区耕地质量调查点点位图

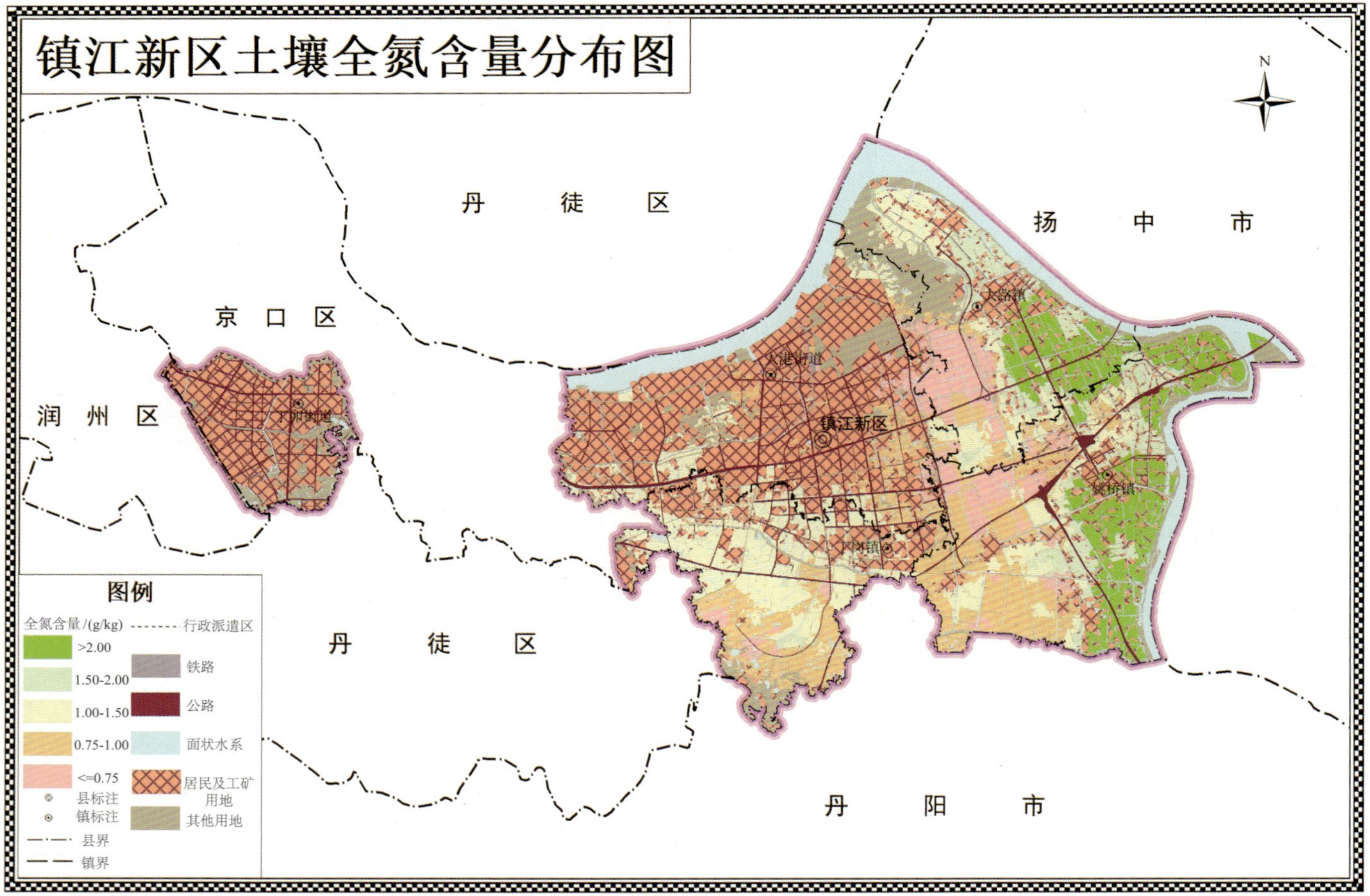

镇江市勘察测绘研究院 编制

比例尺 1:150000

公里 0 0.5 1 2 3 4 5 公里

图上1cm相当于实地1500m

二〇一九年十二月

附图 6 镇江新区土壤全氮含量分布图

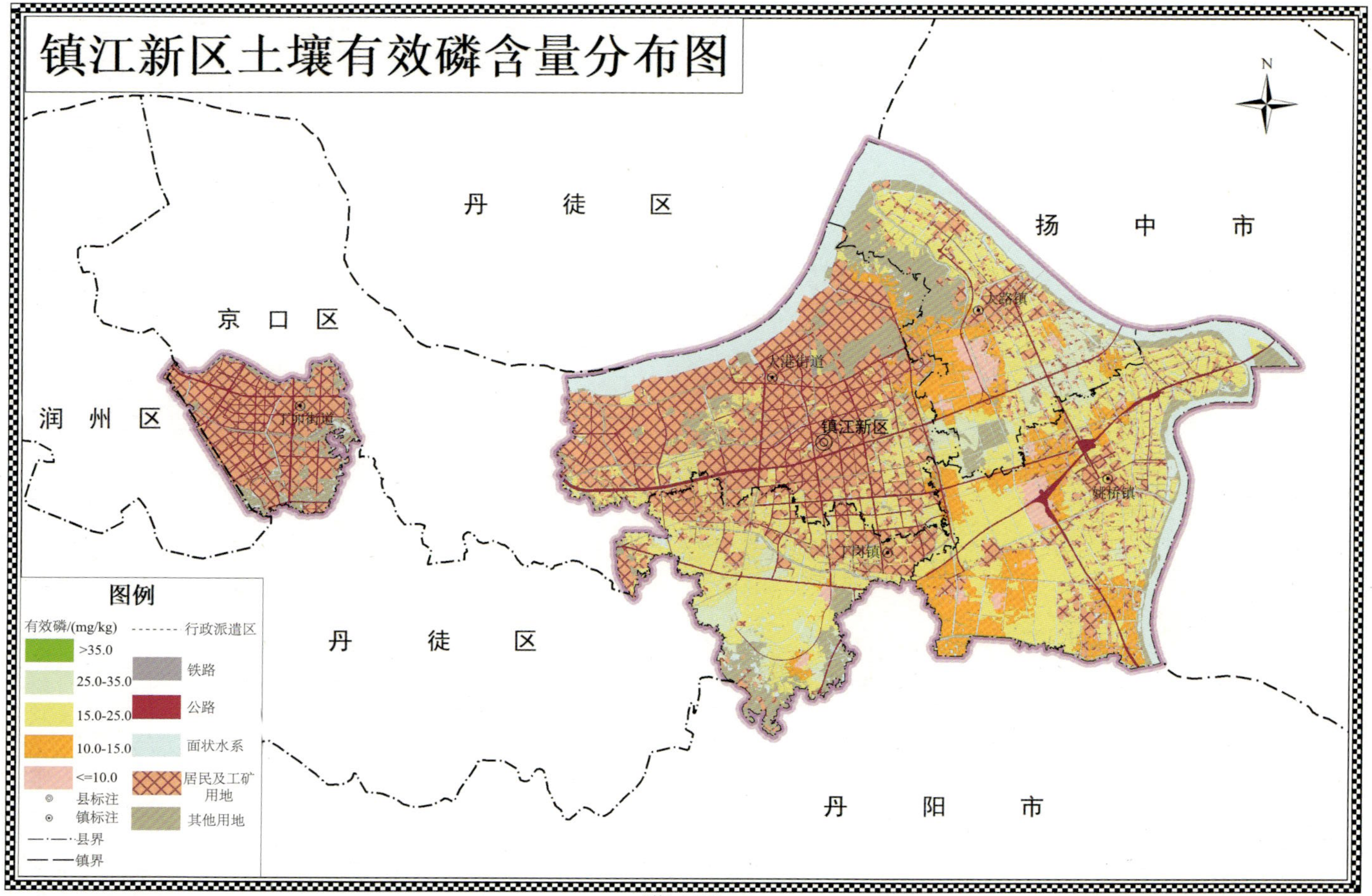

镇江市勘察测绘研究院 编制

比例尺 1:150000

公里 0 0.5 1 2 3 4 5 公里

图上1cm相当于实地1500m

二〇一九年十二月

附图 7 镇江新区土壤有效磷含量分布图

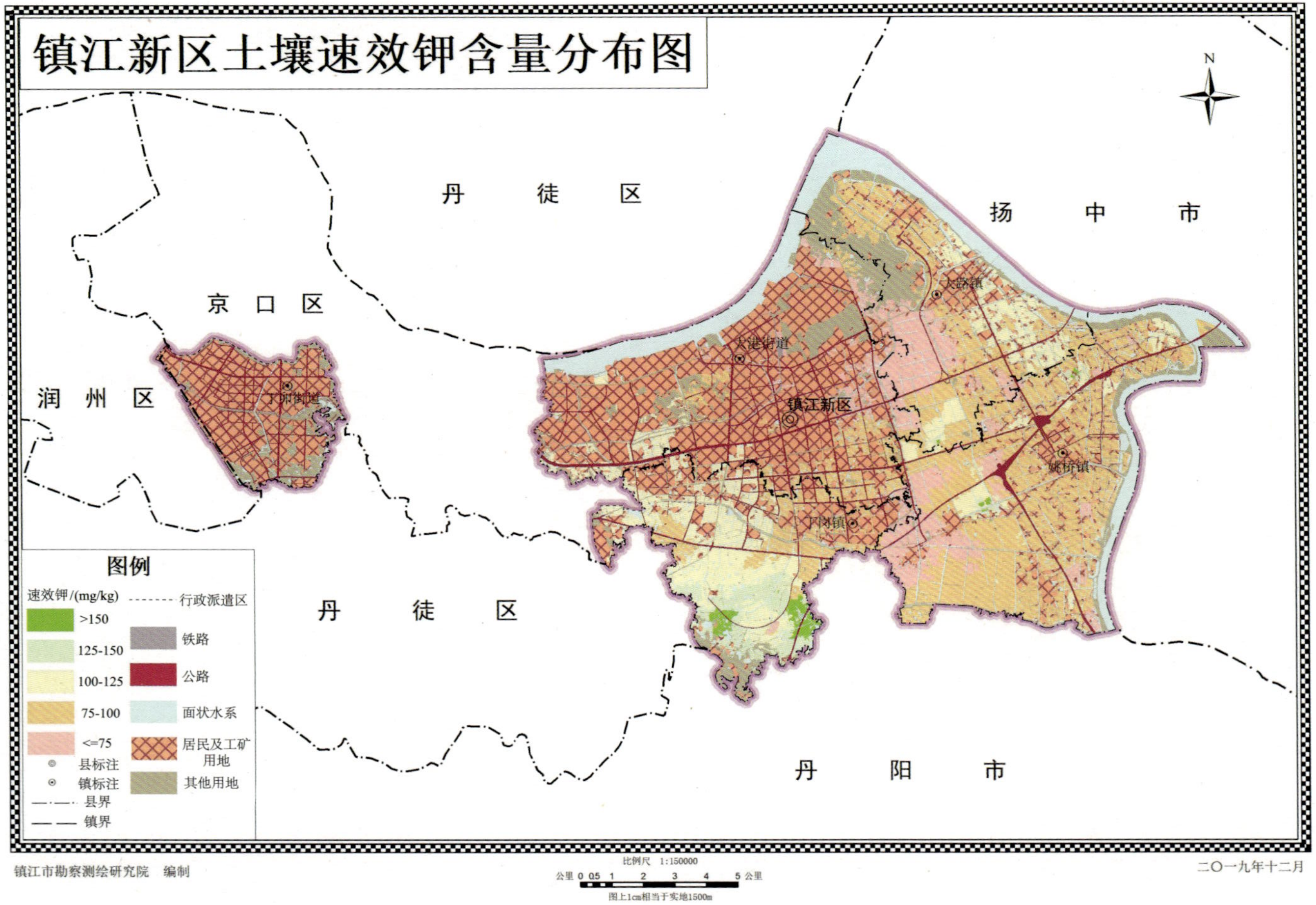

附图 8 镇江新区土壤速效钾含量分布图

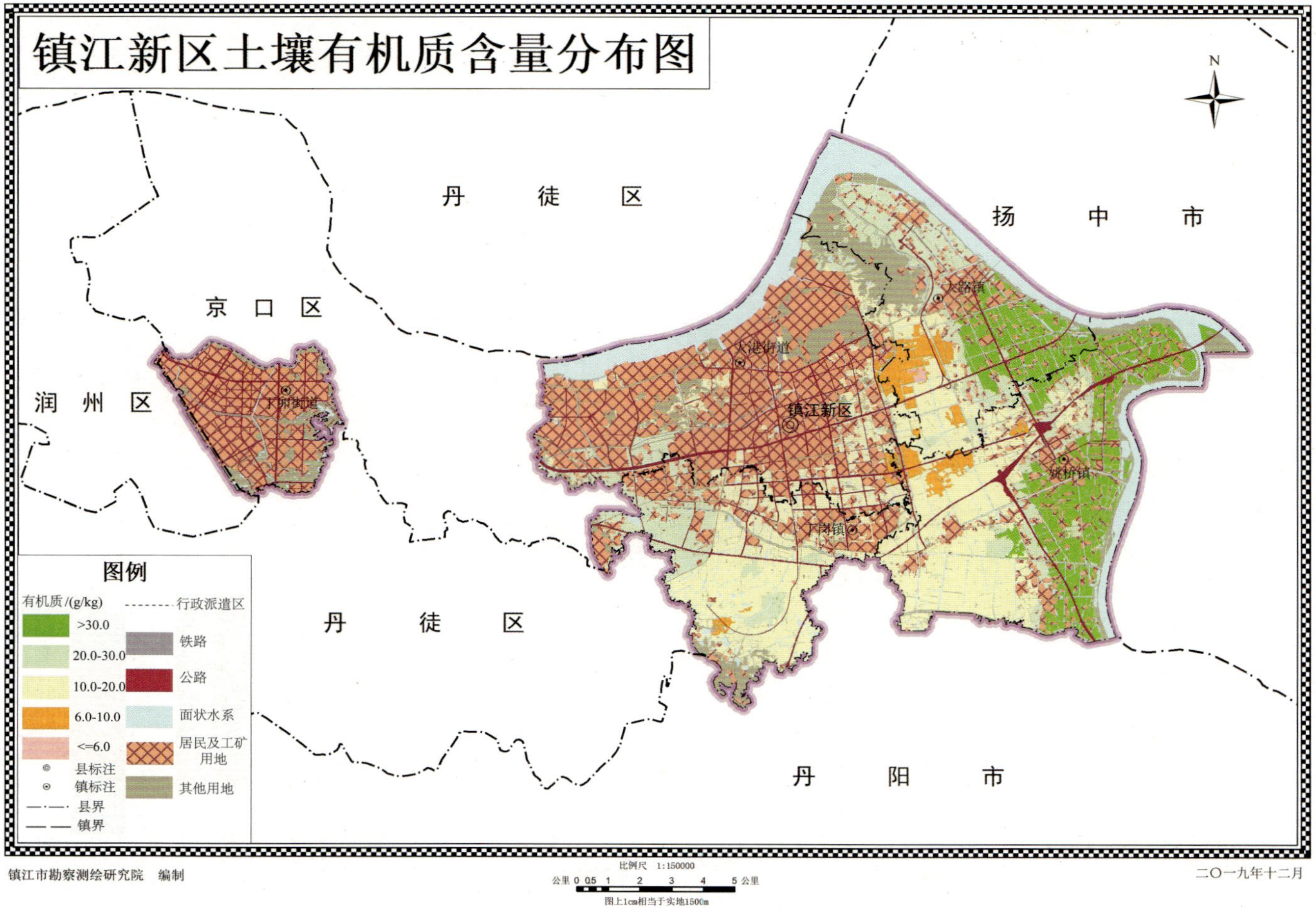

附图 9 镇江新区土壤有机质含量分布图

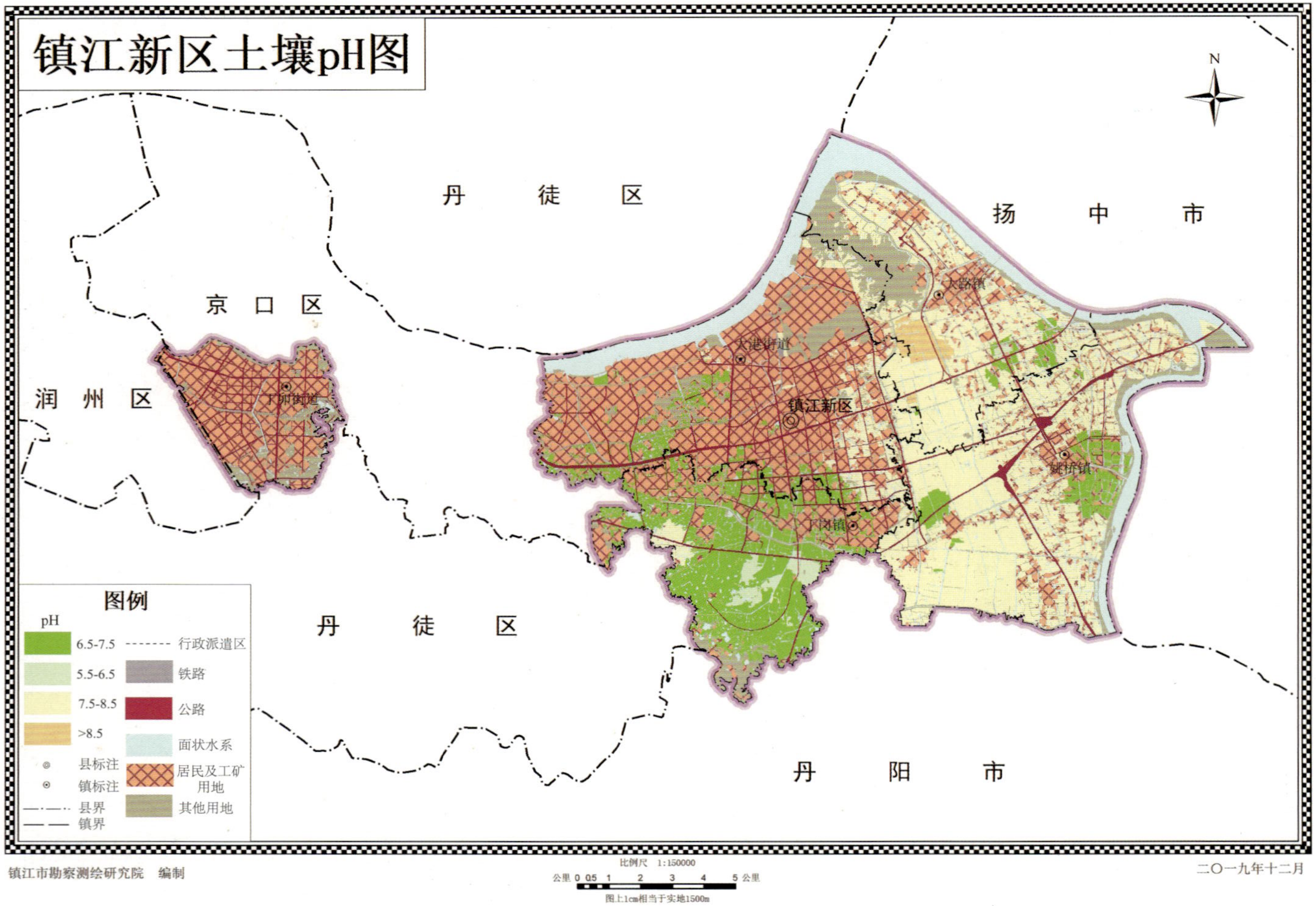

附图 10 镇江新区土壤 pH 值分布图